FEMME UN JOUR,
FEMME TOUJOURS

DU MÊME AUTEUR

Aux éditions Jean-Claude Lattès

La Baronne rentre à cinq heures, 1984
Heureuse et pas fâchée de l'être, 1987

Aux éditions Fixot

Parlez-moi d'amour, 1989
Le bonheur de séduire, l'art de réussir, 1991
Natara, 1994

NADINE DE ROTHSCHILD

FEMME UN JOUR, FEMME TOUJOURS

FIXOT

Avec la collaboration de Dominique Paulvé

ISBN 2-221-08464-0

« Méfie-toi de tes rêves,
ils pourraient bien se réaliser. »

George Bernard Shaw

À toi, Diane de Poitiers, femme entre les femmes, pour qui le mot « aimer » sut toujours exister, et pour qui exister ne se concevait pas sans aimer.

Beauté, fille de l'amour,
les quatre saisons de la vie :

le printemps
l'été
l'automne
l'hiver

INTRODUCTION

Séduire, surprendre, dérouter, inquiéter, se renouveler, apprendre à être femme jusqu'au bout des ongles, jusqu'au bout des lèvres... Aucun homme ne résiste à la vraie féminité ! Une femme qui connaît ses limites dans l'art de la séduction n'a rien à craindre pour son avenir.

La beauté pure et l'intelligence sont des grâces qui vous sont ou ne vous sont pas distribuées à la naissance. Mais ce qui vous rendra intéressante aux yeux des autres, ce qui fera l'essence même de votre féminité, est un cadeau qui se cultive tous les jours, comme les fleurs, des plus rustiques aux plus sophistiquées. Certaines femmes vous diront parfois qu'elles veulent être belles pour elles-mêmes : mensonge ! Elles se trompent ou elles vous trompent : c'est toujours par amour pour un homme.

Une silhouette, un visage sont séduisants si un charme s'en dégage au premier instant. Et ce charme-là se travaille afin d'entrer dans la vie à la conquête de son destin. Quand on est douée d'une forte volonté, on atteint toujours ce que l'on vise.

Certaines demoiselles accumulent les maladresses, paraissent nées pour être malheureuses et candidates à vie à l'échec. Pourtant, chacune a droit à son coin de paradis. Je sais qu'il faut vouloir à tout prix être heureuse et dispenser de la joie pour avoir de la chance : lorsque celle-ci passe, comme une plume au-dessus de votre tête, saisissez-la au vol, vous n'avez qu'une seconde pour cela. Tout le reste sera du travail !

Il y a des règles auxquelles vous ne pouvez pas échapper. Il faut être physiquement, intellectuellement, sentimentalement et moralement prête à séduire, et il vous faudra apprendre à maîtriser vos émotions et les remous de chaque instant de la vie, en commençant très tôt à mettre en pratique cette philosophie. Mais tout est possible lorsqu'on est vraiment déterminée.

J'ai rencontré au fil des ans chez nos contemporaines qui ont du charisme quelques monstres sacrés comme Jackie Kennedy, Lady Di, Louise de Vilmorin, Marlène Dietrich, Simone Veil, Edmonde Charles-Roux et Marie-José Perec, femmes, chacune dans leur genre, que l'on ne remet pas en question. Elles ont en commun le fait d'être habitées de cette fameuse flamme et d'être incomparables, en sachant tirer de leur physique le parti qui s'accorde non seulement avec leur plastique mais avec leur esprit : chacune d'elles a dressé le plan de bataille qui correspond à son style et à son caractère. À l'inverse de grandes beautés qui n'ont eu aucune réussite, celles-ci ont choisi de tout mettre en œuvre au bénéfice de leur succès privé et professionnel. Certaines, en revanche, comme la Callas ont toujours subi des échecs sentimentaux. Gabrielle Chanel a imposé aux femmes, à travers la création, une rigueur et une discipline qui passaient par le corps avant d'arriver au vêtement, de la même manière qu'elle avait su, pour elle-même, transformer un physique androgyne et banal en modèle d'élégance et de distinction. Malgré son succès, bien que riche et célèbre, elle fit partie du lot de celles que l'on n'épouse pas. L'orgueil de Jackie Kennedy l'a dirigée exclusivement vers des hommes de pouvoir. Grace Kelly, femme idéale, a fait rêver tous les hommes. Le corps de Marie-José Perec a acquis la félinité de l'animal sauvage, mais combien la petite fille a-t-elle dû faire de sacrifices ! Lady Di, enfin, a voulu tout réussir, et c'est peut-être la perfection de son personnage qui s'est retournée contre elle : un peuple entier peut vous aimer, mais pas obligatoirement un homme...

« *Miroir, mon beau miroir, dis-moi si je suis la plus belle...* » : comment la méchante sorcière a-t-elle pu un seul instant rêver d'être jolie avec une âme aussi noire ? La beauté est d'abord le reflet d'un équilibre intérieur, qui doit savoir maîtriser les remous de chaque âge de la vie : on ne pense pas assez qu'il faut commencer tôt à mettre en pratique cette philosophie.

Petite fille, le jeudi était pour moi un jour fébrilement attendu : c'était celui où ma mère m'envoyait chercher son magazine favori chez le marchand de journaux. Les subtilités du point de côte ne me fascinaient jamais autant que les conseils de beauté prodigués, sous forme de bande dessinée, par une maman attentive à sa jeune fille en fleurs. De ce temps-là, je garde le goût d'une discipline rigoureuse qui commence devant le lavabo, et le plaisir des « recettes de beauté » transmises comme autant de petits secrets à ne pas divulguer.

Au fil des années, ponctuellement, mes amies et leurs filles me posent les mêmes questions :

« Nadine, comment fait-on pour...

– avoir unc peau fraîche,

– un rouge à lèvres qui ne déborde jamais,

– trouver le parfum qui convient... »

Mes réponses ne varient guère : j'ai appris à m'organiser, car le fait d'être toujours soignée prend du temps ! C'est un vrai labeur mais aussi un vrai bonheur que j'assume ardemment, car je ne veux ni pour moi-même ni vis-à-vis des autres « être prise en flagrant délit de négligence ».

Les « cas désespérés » sont rares, et encore plus à la veille de l'an 2000. Si vous voulez être belle et captivante, APPRENEZ À TRANSFORMER VOS DÉFAUTS EN UN CHARME PARTICULIER, et, s'il vous plaît, soyez perspicace ! Ce que VOUS oubliez de voir sera pour CELUI que vous voulez séduire une évidence, même s'il a la délicatesse de ne pas vous parler de vos mains trop pouponnes (qu'il adore, lorsqu'elles sont méticuleusement soignées) ou de votre rouge à lèvres nacré (qu'il déteste)...

Sophistiquée ou naturelle, à vous de savoir cultiver le jardin qui convient à votre personnalité, et d'élaborer votre propre stratégie.

Je rappelle infatigablement à mes amies que tout est une question de volonté, d'acceptation de soi-même... et d'humour ! Le lifting le mieux réussi n'empêchera pas les mains de se rider, l'oreille d'être moins attentive et la démarche de trahir les années.

« Jeune », « rester jeune » : ces mots reviennent souvent dans leur quête de la machine à arrêter le temps. Cela me fait sourire, car j'ai toujours pensé que l'âge ne se mesure pas à une ride. « *Être jeune, la jeunesse n'est pas une période de la vie, elle est un état d'esprit, un effet de la volonté, une qualité de l'imagination, une victoire du courage sur la timidité, une victoire du goût de l'aventure sur l'amour du confort* », constatait avec optimisme le général MacArthur, toujours superbe, séduisant et séducteur à soixante-cinq ans... Son propos, qui devrait être médité par plus d'une, est pour moi le leitmotiv de ce livre qui vous est dédié, mes jolies et coquettes amies lectrices : « *la jeunesse est un état d'esprit* » et c'est le mien depuis mes seize ans, âge auquel j'étais un des modèles du peintre Jean-Gabriel Domergue, qui savait si bien croquer les petites Parisiennes. « Tout est entre tes mains », me disait l'artiste, ce qui m'a appris à avancer en toute circonstance et en toute sérénité. Grâce à lui, j'ai lu plusieurs fois le grand livre de la vie.

Dès mes débuts de modèle, puis de comédienne, j'ai pris l'habitude de tenir un « journal » dans lequel je notais les recommandations prodiguées par les professionnels des métiers du spectacle – et leurs résultats, lorsqu'ils semblaient me convenir – en France, d'abord, puis en Angleterre et en Amérique, pays où les actrices soignent leur corps comme des sportives de haut niveau. Je notais aussi des anecdotes, des réflexions personnelles, des « trucs » que je testais ensuite.

Je voudrais maintenant partager avec vous le résultat de mon expérience et de ces conseils, moins futiles qu'on ne le pense, féminins prolongements de ceux prodigués par les spécialistes et observés par des femmes dont la mémoire reste à jamais gravée dans le temps. Car on ne naît pas femme, on le devient, lorsqu'on apprend à séparer et à reconnaître féminité et féminisme, séduction et sexualité.

Sans être esclave du « star system », j'ai toujours pensé qu'il était intéressant de s'identifier à un modèle, car les femmes phares, dont la réussite semble être synonyme de ciel bleu et de paradis, cachent en fait une formidable volonté et une discipline à toute épreuve. À Hollywood, j'ai côtoyé des actrices sublimes, dont la présence, même très forte, n'a jamais détourné ma pensée de mon idole : Diane de Poitiers. En lisant sa vie, j'ai compris que l'ambition n'a aucun cousinage avec la paresse. L'ambition de la duchesse de Valentinois n'avait d'égal que son ascétisme : tôt levée, dans son château d'Anet, elle se lavait le corps entier à l'eau froide, avant de monter à cheval, trois heures d'affilée. Tous fards et cosmétiques étaient absents de sa salle de bains. Les recettes de beauté de Diane étaient bien plus subtiles que les fameux bains de lait chers aux belles Égyptiennes, et plus adaptées à son mode de vie et à sa passion : sachant qu'elle partait à la chasse par tous les temps et à bride abattue dans la forêt sauvage jouxtant Anet, refusant de voir son beau visage fustigé par les branches et le soleil (ennemi de la peau, tout comme son contraire, madame la Lune !), oserais-je vous confier qu'elle me semble être l'inventeur du passe-montagne ? Les « cagoules » de drap épais qu'elle faisait tisser, ne laissant darder que les yeux, ne sont-elles point les ancêtres de ces élégants chapeaux pour le ski, innovés par Jacques Heim et Carven après la dernière guerre, et si hardiment portés dans les magazines de mode par des actrices surprises sur les pistes neigeuses ?

Peut-être aussi me rapprocherais-je, dans un autre registre, de Diane de Poitiers, pour son goût du beau décor : que ce fût à Anet ou à Chenonceaux, où elle ferraillait ferme avec Catherine de Médicis, sa rivale en amour, âge et beauté, Diane savait concevoir une maison préparée pour la convivialité et les exigences de son seigneur... Pour elle et elle seule, au grand dam de Catherine, Henri II avait immortalisé de leurs initiales entrelacées chaque balcon, plafond ou cheminée, chefs-d'œuvre d'architecture des maisons qui abritaient leur passion. Les recettes de Diane ne devaient d'ailleurs pas être trop mauvaises, car je connais peu de femmes qui, comme elle à l'âge de quarante-quatre ans, reçoivent quotidiennement de leur fidèle amant de vingt ans des missives du genre : « Madame, je vous suplye de me mander de vostre santé, afin que selon cela je me gouverne... », ou encore : « Madame ma mye, je vous mercye très humblement de la peyne que vous avez prise de me mander de vos nouvelles, quy est la chose de ce monde que j'aye la plus agréable... »

On ne peut être plus aimable avec une femme dont l'un des grands talents était de sublimer le roi de France, en équilibrant les moments où elle *savait* le faire parler, l'écouter et se taire, afin de mettre en valeur sa personne, avec ceux où elle le distrayait de morceaux choisis ou d'habiles jeux amoureux. Elle était instinctivement habitée de cette flamme qui transforme les banalités en exceptions : en un mot, Diane de Poitiers était une grande pointure !

Alors, vous, mademoiselle, madame, je vous pose la question : voulez-vous que le monde soit à vous ? « Do you want to be successful, do you want to be the best ? * » Si votre objectif est de susciter le succès, si vous voulez, dans votre carrière de femme, être « une grande pointure », voire la meilleure, faisons ensemble un bout de chemin !

---

* Voulez-vous réussir, voulez-vous être la meilleure ?

LE PRINTEMPS,

PÉRIODE D'APPRENTISSAGE

À l'instar de Molière, c'est à vous, mamans, que je m'adresse d'abord :

« *Il nous faut en riant instruire la jeunesse,*
Reprendre ses défauts avec grande douceur... »

Car il est vrai que la jeunesse n'a pas toujours envie d'être instruite ! Votre premier labeur sera de faire passer ces messages :

Les dix réflexions de Nadine

- De l'hygiène la corvée en plaisir transformeras.
- Avant de penser beauté ton organisme régénéreras.
- Au profit de ta santé corps et esprit maîtriseras.
- Au lieu de la cacher ton acné soigneras.
- Comme élixir de beauté le sommeil exploiteras.
- De cigarettes ni d'alcool jamais ne toucheras.

- Par maquillage immodéré ton teint de pêche ne gâcheras.
- Par une eau fort peu musquée ton parfum remplaceras.
- Si ta pudeur est chavirée ton innocence préserveras.
- De l'amour qui passe plus vite qu'un été te méfieras !

Les bourgeons de la vie

Du jour où j'ai découvert l'univers de la peinture, j'ai voulu tout connaître de celui de la beauté. Deux personnes m'ont appris à maîtriser cet art : ma mère et Jean-Gabriel Domergue. De ses origines flamandes, ma mère a hérité cette allure que l'on voit aux Vierges de Memling, et portait haut des pommettes saillantes que le pinceau du blush n'a jamais eu besoin d'effleurer. Son chic – on dirait maintenant son glamour – était naturel et sans ostentation, tout comme les blondes ondulations de ses cheveux. À une époque à laquelle toutes les femmes rêvaient de ressembler à Madeleine Sologne dans *L'Éternel Retour*, elle était pour moi un remarquable modèle, mais j'étais rousse, truffée de taches de rousseur, et je n'avais aucune chance de réussir à lui ressembler... Parfois, en signe de représailles, je lui chipais une larme de « Soir de Paris » de Bourjois, parfum que je lui achetais au Prisunic avec mes économies.

Mon travail avec Jean-Gabriel Domergue a débuté par une humiliation sévère mais profitable : la lumière du matin qui filtrait par les larges fenêtres de son atelier, avenue d'Iéna, était celle que le maître préférait, et l'artiste m'avait convoquée à sept heures pour ma première séance de pose. À quoi avais-je songé, avant de prendre l'autobus ? Était-ce l'émotion, à l'idée de travailler pour un peintre en vogue, dont les modèles étaient ces femmes belles, élégantes, raffinées du grand monde parisien dont il acceptait de faire le portrait ? Toujours est-il que je me suis présentée à lui n'ayant pas pensé à me laver les cheveux... Après un rapide coup d'œil et une phrase vertement jetée : « Il y a toujours un morceau de savon dans une maison ! », il m'a immédiatement renvoyée chez moi. Je ne l'ai jamais oublié ! C'était ma première leçon, mais quelle leçon ! Après cet incident, nous nous sommes liés d'amitié, et durant les six mois passés à l'aube dans l'atelier il est devenu tour à tour mon professeur de maintien, gymnastique, maquillage, coiffure... et psychologie : ce que j'ai appris avec lui, je ne l'ai jamais oublié. Dans la rue, je commençais à observer les femmes peu soignées qui avaient l'air de sortir du lit, et je me jurais de ne jamais leur ressembler : je préférais m'identifier aux jolies Parisiennes poudrées et parfumées qui se pressaient chez lui.

Il disait avoir besoin d'un modèle au corps impeccable, respirant la santé et la propreté, pour pouvoir peindre. Ses conseils étaient simples et directs, associant de classiques recettes à un avant-gardisme joyeux : c'est lui qui m'a appris, telles les gitanes à la peau de soie, à me frictionner sous la douche au gant de crin, et à m'astreindre à une gymnastique hebdomadaire, en toute saison, devant la fenêtre ouverte. « Ta colonne vertébrale doit tenir tout ton corps », disait-il en m'apprenant trois ou quatre exercices d'élongation et de rotation du cou que j'effectue chaque jour. Et si, maintenant encore, j'aime la sensation du coup de fouet matinal, lorsque, à la campagne, je marche pieds nus dans la rosée, c'est en souvenir des disciplines découvertes grâce à Jean-Gabriel Domergue. C'est aussi sous son influence que j'ai débuté une carrière au théâtre et au cinéma.

« On peut s'accoutumer à la laideur, à la négligence, jamais ! », entendais-je plus tard, sur le même diapason, Coco Chanel assener à ses mannequins après son grand retour, époque à laquelle j'aimais prendre le chemin de la rue Cambon et commençais à porter ses fameux petits tailleurs. Je souriais à l'idée que, malgré notre grande différence d'âge et de caractère – et Dieu sait que le sien était loin d'être chaleureux –, nos maximes partaient souvent des mêmes bases...

Les clés de la réussite

Voici les conseils que je donnerais aux jeunes filles : la réussite vient avant tout de ce qu'on réalise soi-même. Il n'est pas obligatoire, à vingt ans, d'avoir une idée précise sur le métier que vous choisirez : l'important est d'essayer d'entreprendre ce qui vous plaît, qui semble être fait pour vous et pourquoi vous êtes faite, et d'avoir l'audace d'aller au bout de vos perspectives. Cette décision devra être prise avec réflexion et enthousiasme, car, par la suite, toute votre vie en dépendra.

À quoi tient la réussite ? D'abord au travail. Encore et toujours au travail ! La chance joue un rôle, tout comme les relations, mais c'est essentiellement grâce à la volonté, à la persévérance que l'on peut y parvenir : il ne faut pas en démordre. Comme votre chien, ne lâchez jamais votre os ! Au dire de leurs parents, toutes les jeunes filles reçoivent des « dons » : vous avez démarré danse classique et piano... Là aussi, ayez de la ténacité ! Ils ont investi dans un matériel trop vite relégué au musée : quelques années plus tard, on retrouve à la cave vos pointes à peine défraîchies ; quant au piano, il a depuis longtemps fait place à la télévision et au magnétoscope !

On ne réussit pas forcément dans la vie grâce

aux diplômes. Mais, lorsqu'ils sont bien choisis et bien préparés, ils facilitent un démarrage, consacrent une connaissance de base, et font apprécier ce qu'est la solidarité d'un groupe de travail. Un diplôme n'a jamais constitué une assurance d'intelligence, ni de moralité, encore moins de succès, car la personnalité que l'on s'est forgée et l'instinct que l'on possède comptent pour moitié dans une carrière. Dès votre adolescence, la vie est un jeu de pistes, et vous n'êtes pas toujours armée contre les embûches auxquelles vous devrez, en fait, faire face durant de longues années.

Peut-on, aujourd'hui, mener une carrière sans parler plusieurs langues, et tout d'abord l'anglais ? Il n'est même plus pensable que l'on puisse se poser cette question !

Les erreurs dans lesquelles il ne faut pas tomber :

– prendre ses désirs pour des réalités ;
– être obsédée par son Moi !
– penser que tout vous est dû.

Dites-vous que vous allez toucher au but. Battez-vous au lieu de pleurnicher. Les autres aussi sont bonnes. À vous d'être meilleure. Demain vous appartient, mais on n'improvise pas la réussite. Elle s'obtient en se levant tôt !

La beauté se travaille,
la santé se contrôle,
l'amour fait le reste !

Vous n'êtes pas Ophélie Winter, tant pis. Vous n'êtes pas non plus Denise Péchu, tant mieux !

Car là est la grande histoire : nos enfants ne sont pas toutes nées canons de beauté, mais elles ont toutes le même but : plaire et rencontrer le Prince charmant qui leur convient. La laideur n'est pas un handicap à l'amour, et, inversement, certaines grandes beautés n'ont jamais été aimées.

Travailler à sa beauté, c'est peut-être – et surtout – travailler son charme, donc sa séduction. Cela, tout le monde peut le faire. Selon le physique, le procédé sera différent et le résultat d'autant plus positif que la jeune fille observera une rigoureuse discipline physique et mentale. À elle de forger sa personnalité, de l'affirmer sans tomber dans le piège de l'uniformité, et de s'armer de patience !

Les adolescentes n'osent pas toujours confier leurs petits secrets à leur mère, et, pour elles, le dialogue est plus facile avec leur marraine ou une proche amie de la famille. Je vois souvent venir à moi, joues roses et œil brillant, de jeunes personnes que j'ai vues naître, qui me font mesurer combien vite passe le temps... Je repère les amoureuses en herbe, et je leur tiens à peu près ce langage :

On n'est pas sage du jour au lendemain : chacune doit trouver son parcours. De seize à vingt ans, vous avez tendance à vouloir rencontrer trop vite le grand amour, celui qui durera toujours... Mais défiez-vous des séducteurs, petite fille : le premier beau garçon qui vous sourit d'un air transporté ne pense pas forcément à faire de vous la compagne de sa vie ! Prenez garde, car plus dure serait la chute. Songez à vous préserver des méchancetés de la vie (il y a encore plus de pièges que vous ne pouvez l'imaginer !). De par ce fameux romantisme que les fées ont déposé dans votre berceau, vous naissez fragile, fleur bleue, également aveugle devant les mystères de l'amour.

Sur la glace de votre salle de bains, écrivez au rouge à lèvres, en grosses lettres : « Think positive ! * », et attendez de voir venir en vous faisant un clin d'œil : la star, c'est vous, il y a forcément, quelque part, quelqu'un qui vous mérite : vous le rencontrerez d'autant plus que vous ne brûlerez pas trop vite les cartouches qui, en leur temps, l'atteindront en plein cœur ! J'aimerais vous dire que, pour vous, la vie ne commence pas le jour de votre naissance, mais le jour où vous découvrez votre premier

* Pensez positif !

amour : car l'amour mène le monde, l'amour fera de vous un vainqueur.

Jeune fille : mode d'emploi

Toutes les jeunes filles qui commencent à se regarder – et surtout si elles sont amoureuses ! – font indubitablement les mêmes constatations : leurs cheveux sont toujours trop fins ou trop épais, trop frisés ou trop raides, trop clairs ou trop foncés – d'autant plus qu'ils n'ont pas la même nature que ceux de leur meilleure amie ou de leur pop-star favorite... Je vous rassure : rien de plus normal, nous sommes toutes passées par là !

À dix-huit ans, j'étais coiffée à la Louise Brooks, avec ces cheveux courts et cette lourde frange qui ont fasciné des générations. Le jour où je suis devenue petite tête bouclée pour mon entrée au théâtre des Capucines a marqué la fin de mon adolescence : rousse j'étais déjà (bien que Domergue me représentât indifféremment brune ou blonde, pour des raisons qui m'échappent encore aujourd'hui), mais « bouclée » était pour moi synonyme d'émancipation, et il me fallait maintenant apprendre l'art du bigoudi. Antoinette, la chef habilleuse du théâtre, avait des cheveux superbes, qu'elle entretenait grâce aux conseils de Guillaume, le coiffeur des stars. Il est amusant de voir que les simples recommandations dont elle me nourrissait quotidiennement se nomment pompeusement, de nos jours, « soins spécifiques du cheveu » dans les meilleurs instituts... Quant à moi, je n'ai jamais dérogé à celles-ci, que je vous conseille bien vivement :

– Pour me laver les cheveux, je n'utilise pas toujours un shampooing. J'alterne avec deux jaunes d'œufs battus dans du rhum (blanc, à cause de l'odeur !). Je laisse poser dix minutes, après m'être bien frotté le cuir chevelu, et je rince abondamment, d'abord à l'eau tiède, puis à l'eau froide.

– Comme Antoinette, lorsque j'ai besoin de me faire couper les cheveux, je le fais à la lune montante ! Ils n'en ont que plus de vigueur.

– Grâce à elle, je suis devenue une adepte des fameux « 100 coups de brosse » : les cheveux rejetés en avant, à l'aide de deux brosses dures, j'effectue un méthodique ballet de droite à gauche. Rien de meilleur pour accélérer la circulation, sauf pour celles qui ont les cheveux gras : cela active le sébum ! Cette gymnastique est bien connue aussi comme remède à la déprime.

Conseil : jamais de brosse de nylon qui rend les cheveux électriques. Si cela vous arrive, mettez vos mains dans l'eau froide, et passez-les légèrement sur vos cheveux avant de les coiffer.

Passons aux actes !

Dès que j'en ai eu la possibilité, j'ai appris à organiser mon cabinet de toilette, et, dans ma chambre, ma « coiffeuse » (c'est si joli, et tellement féminin !), équipée de brosses et peignes régulièrement lavés, pince à épiler, bâtonnets, lime à ongles, produits de beauté artistiquement disposés dans des petits pots, gobelets ou paniers, pour me donner immédiatement envie de m'en servir : dès mon premier rôle dans une revue signée Francis Blanche, au théâtre des Capucines, je devais savoir différencier les produits de maquillage pour le théâtre de ceux réservés aux soins de la vie de tous les jours.

Pour la douche ou la baignoire, gant de crin, pierre ponce, brosse à ongles et pack de rasoirs jetables (à changer régulièrement, tous les deux ou trois rasages, comme les deux brosses à dents – une dure, l'autre souple –, sans faute, tous les trois mois !)...

Être propre ne veut bien sûr pas dire « aseptisée », mais n'oublions pas que l'hygiène de base est la base de votre beauté. Le bon savon à l'huile d'olive est le cœur de votre matériel, tout comme le déodorant, à déposer sous les aisselles le lendemain de l'épilation à la cire, pour éviter brûlures et inflammations. Le seul moyen de piéger les petits duvets superflus, invisibles de face sur le visage, c'est de se regarder à contre-jour dans la glace : vous les enlèverez régulièrement à la cire, mais surtout pas à la pince à épiler.

Un lait à démaquiller, une eau de fleur d'oranger (calmante), bleuet (décongestionnante), rose (tonique et astringente), et une simple et bonne huile d'amande douce, pour pallier la sécheresse de la peau, voilà ce que j'employais lorsque j'avais dix-sept ans, outre la crème Nivea, ce produit miracle inventé en 1911, et toujours d'actualité ! Déjà, à cette époque, je jouais à l'apprentie chimiste, en malaxant, dans une coupelle de verre, quelques gouttes d'huile d'amande douce avec un peu de Nivea, mixture dont je m'enduisais ensuite le corps. Je conserve encore maintenant dans ma salle de bains le premier objet de luxe que je me suis offert : un petit récipient ravissant dessiné par Barbier et trouvé par hasard, qui m'a probablement influencée dans mon goût pour la pâte de verre et la céramique.

Soignez vos mains ! Elles sont une des premières parties du corps que les hommes regardent chez les femmes dont ils tombent amoureux, car ils savent qu'elles définissent leur personnalité : même si vous n'avez pas des mains comme des algues, ayez-les toujours impeccables. Lorsqu'elle était jeune fille, Florette, devenue plus tard l'épouse du grand photographe

Jacques-Henri Lartigue, avait une infaillible recette, observée depuis des lustres par les coquettes niçoises : avec un kilo de tomates bien rouges et bien mûres, elle faisait une purée dans laquelle elle trempait ses mains en les massant longuement... Le résultat de cet efficace procédé est visible dans les musées du monde entier, où Florette et ses mains admirables, photographiées par Jacques-Henri, sont ponctuellement exposées.

Cette méthode n'est pas toujours adaptable, mais il existe d'autres combinaisons à faire soi-même, et très efficaces. Puisque vous avez maintenant, dans la salle de bains, un récipient de verre grâce auquel vous pourrez fabriquer vos recettes personnelles, testez les miennes, et notamment celles-ci :

– pour fortifier vos *ongles*, un mélange de vitamine A et vitamine E est indispensable : vous achèterez, en pharmacie, un tube de crème Avibon, dont vous malaxerez délicatement une noisette avec le contenu d'une gélule de Toco 500. En suivant tranquillement à la télévision votre feuilleton favori, vous masserez vos lunules pour les fortifier ;

– lorsque vous aurez repoussé les cuticules avec un bâtonnet en bois, bien brossé vos ongles également arrondis à la lime (de carton, jamais de métal !), passez, en dessous, un petit coton trempé dans l'eau oxygénée à 20 volumes : ils seront toujours blancs ;

– pour éviter les ongles incarnés, limez-les au carré ;

– ayez toujours une petite bouteille de glycérine dans votre salle de bains : vous en mélangerez deux gouttes à un demi-citron : vos mains seront douces... douces...

Je n'aime pas le vernis de couleur sur les ongles des mains, je le préfère incolore. Mais les ongles des *pieds* peuvent s'autoriser cette fantaisie, signe de l'arrivée de l'été. Néanmoins, si vous aimez les voir rouges, attendez encore quelque temps pour les peindre, et accordez toujours la couleur de votre vernis à celle de votre rouge à lèvres.

Conseil : vous conserverez votre vernis à ongles plus longtemps si vous le placez dans le réfrigérateur.

– Épilez vos *jambes*, et n'oubliez pas de passer le gant de crin ou la pierre ponce sur vos genoux, ainsi que sur les talons.

Le jour de relâche du théâtre était pour moi celui des soins de beauté en profondeur, et, comme les femmes arabes, j'appréciais la visite hebdomadaire au hammam de la mosquée de Paris : pour un prix raisonnable, j'y apprenais la manière la plus parfaite de purifier l'âme et le corps, tout en me reposant. J'ajoutais quelques recettes personnelles à ce rituel ancestral, en commençant par boire un litre d'eau, avant de me rendre au bain maure. Puis je nourrissais mes cheveux d'huile d'olive tiède, et les enfermais dans un turban, préparais la peau de mon visage, libre de tout maquillage, par un premier nettoyage approfondi.

Déshabillée dans la pièce froide, je me frottais au savon et à l'huile d'olive dans la seconde galerie, avant de passer aux mains expertes de la laveuse, Fatna, qui à l'aide de la luffa (courge tropicale séchée) et de la pierre ponce ôtait de mon corps les peaux mortes : rien n'est plus efficace pour donner une impression satinée que ce peeling corporel naturel ! Encore aujourd'hui lorsque je vais au hammam, à l'exemple des odalisques, c'est au ghassoul que je lave mes cheveux, et les rince ensuite longuement. La vapeur chaude détend mes muscles, et le rinçage à l'eau fraîche tonifie. Je vous suggère également deux minutes de jet d'eau glacée, passé en cercles de la taille à la base du cou, en insistant sous vos seins : vous pourrez alors fièrement vous prêter au fameux test du crayon * ! Maintenant, je suis prête à passer dans la salle de massage. Je profite également de cette demiheure de détente pour me faire un masque du visage afin de rendre ma peau lisse et lumi-

---

* Certaines jeunes filles me disent qu'elles ne connaissent pas « le test du crayon ». Est-ce possible ? Je vous le rappelle : devant le miroir, glissez un crayon sous vos seins. Il tombe immédiatement par terre ? Bravo ! Vous avez une poitrine de rêve ! Mais s'il vous faut tout le plumier, prenez d'assaut gymnastique et douches glacées !

neuse. La seule ombre au tableau est de ne pas succomber aux plateaux de pâtisseries et de loukoums à la rose qui passent de l'une à l'autre... Je les remplace par quelques verres de thé à la menthe, afin d'éviter la déshydratation. Le meilleur moment pour profiter des bienfaits du hammam est de s'y rendre en fin de journée : en sortant, on s'endort comme un bébé !

Attention, si vous êtes une habituée du bain maure, n'utilisez pas le gant de crin à la maison, afin de laisser à votre corps le temps de sécréter son indispensable sébum.

En revanche, si cette pratique n'est pas dans vos habitudes, et si, passant par Megève cet hiver, vous ressentez le besoin d'un soin corporel, faites un détour par la Parfumerie internationale : les esthéticiennes sont formidables ! Et n'hésitez pas à y aller de ma part...

Quitte à en surprendre quelques-unes, je conseille également, si vous n'avez pas la peau particulièrement grasse, de ne pas utiliser le savon tous les jours : le gant de toilette, passé longuement sous la douche, est bien suffisant pour vous débarrasser des poussières de la journée. Je ne pense pas avoir besoin de préciser que ce cas ne s'applique ni aux parties intimes du corps ni aux sportives sortant, en nage, de l'entraînement...

Je vous vois, mesdemoiselles, détailler vos « imperfections » : seins trop gros ou trop petits, oreilles décollées, yeux moins bleus que ceux des top-models (qui portent souvent des lentilles de couleur, ne l'oubliez pas !)... le nez ? une catastrophe ! « un pic ! », « un roc ! », et les dents ? trop petites, trop écartées, trop grandes... On frôle le drame, et souvent la bonne marche des études pâtit lamentablement de ces petits (grands) soucis qui sont les vôtres : uniques et insurmontables ? sûrement pas ! C'est aussi souvent la période à laquelle vous entrez en conflit avec les parents : « ils » ne comprennent rien ! Eux – que vous agacez un peu à vous regarder dans la glace toute la journée, au lieu de potasser Victor Hugo et Racine – vous voient néanmoins avec les yeux de l'amour et vous trouvent superbe ! De plus, ils ne sont pas forcément branchés sur le physique de Céline Dion ou Vanessa Demouy, l'une de vos éventuelles idoles.

N'oubliez pas que votre mère est, elle, une femme-femme (sinon, elle n'aurait jamais séduit votre père) et que, si vous lui parliez tout simplement de vos petits problèmes, elle serait la première à répéter pour vous ce que nous avons toutes entendu lorsque nous étions jeunes filles : son « expérience » aidant, vous gagneriez du temps... Et une salutaire complicité dans votre communication avec elle. Savoir dédramatiser les problèmes est indispensable : à l'aube du XXe siècle, pour enlever très tôt un complexe qui pourrait, sans fondement, obscurcir votre avenir, à votre âge surtout, on peut faire appel à la chirurgie réparatrice. La beauté est un droit.

Rien de ce qui touche au cœur et au corps de la femme ne devrait vous être étranger. Je vous invite à vous prendre en charge et en charme, ce qui signifie « s'aider soi-même ».

À la loupe

Entretenir son corps est un plaisir, et il faut savoir planifier votre mise en beauté :

Vos dents sont autant de perles dans votre bouche ! Prenez-en bien soin, et n'oubliez pas de les laver consciencieusement après chaque repas, surtout si vous êtes une « sucrée » ! Les filles de mes amies ont pris l'habitude d'avoir une brosse à dents « de promenade » dans la pochette de maquillage de leur sac à dos : que ce soit au bureau ou en voyage, elles sont ainsi toujours équipées !

Une fois par semaine, pensez à ajouter à votre dentrifice une pincée de bicarbonate de soude : vous préserverez ainsi la blancheur de vos dents. Et si vous avez besoin de vous rafraîchir l'haleine à la suite d'un repas un peu trop « provençal », sucez un clou de girofle : c'est encore plus efficace qu'un grain de café.

Comme les Indiennes, je vous suggère de vous nettoyer la langue : on ne trouve malheureusement pas partout en France ces « brosses à langue » en métal ou en plastique, aussi banales que la pierre ponce, mais vous pouvez utiliser quotidiennement, à cet effet, votre brosse à dents : votre langue sera joliment rose.

Ma toilette finie, je m'habille de quelques gouttes de parfum...

Côté senteurs, attention ! À votre âge, porter un parfum « à la mode » peut être synonyme de vulgarité, s'il n'est pas conçu pour une carnation comme la vôtre, ou pour une « jeune femme » – état dans lequel vous n'êtes pas encore, bien que vous trépigniez –, encore moins pour une « femme jeune », car là vous avez le temps. Attention aux senteurs exotiques, exquises sur vos lieux de vacances lointaines, mais insupportables dans votre environnement habituel. Lorsque j'avais votre âge, fabriquer mes propres arômes faisait partie de mon mystère et de mon originalité : je mélangeais pétales de roses et de violettes, que je faisais macérer dans quelques gouttes d'alcool à 90° pour obtenir ce qui me semblait être la plus sublime fragrance... et il est vrai que c'était délicieux !

Autre époque, autres mœurs : de nos jours, la mode, pour les jeunes filles, est aux eaux de toilette fleurant le miel et le chocolat, dont tout bourgeon ou pétale naturels sont exclus : dans un autre genre, c'est également plaisant ! Ce qui ne m'empêche pas de vous livrer mes recettes, amusantes à réaliser et à moindres frais, votre matériel de base se composant simplement d'un flacon de verre, d'un compte-gouttes, d'un verre doseur (ou un verre à moutarde de 20 cl de contenance) et d'une réserve d'alcool à 90°. Prévoyez aussi l'odorant plaisir qui vous inspirera dans vos créations : la promenade au jardin et la visite chez l'herboriste.

Votre *Eau de Printemps* (eau de toilette fraîche) s'élabore en ajoutant à 20 cl d'alcool 20 gouttes d'essence de thym, autant de chèvrefeuille, 10 gouttes d'essence d'iris et 10 gouttes de citronnelle.

Il ne faut jamais porter de parfum au soleil, ni sous une lampe à bronzer : attendez la tombée de la nuit pour retrouver votre eau de toilette préférée !

Pour l'eau de votre bain, confectionnez une *huile parfumée à la rose* : dans une ancienne bouteille de pharmacie, par exemple (vous la trouverez facilement chez un brocanteur), versez trois quarts de litre d'huile de tournesol, à laquelle vous ajouterez une cuillerée à soupe de shampooing aux herbes et deux cuillerées à soupe d'essence de rose. Bouchez le flacon, agitez, et laissez reposer. Vous pouvez aussi échanger l'essence de rose contre une autre essence de fleur : celle qui prime dans votre eau de toilette, par exemple.

Si vous voulez embaumer votre placard de votre parfum favori, faites comme moi : imbibez-en des petits morceaux de flanelle, et glissez-les au milieu de vos bas et de votre lingerie.

Parenthèse littéraire

J'ai rencontré Louise de Vilmorin, pour la première fois, en 1952. Extrêmement raffinée et parfumée à « L'Heure Bleue » de Guerlain, elle portait une cinquantaine éblouissante, ses yeux étaient aussi bleus que le célèbre chintz de son salon de Verrières. Elle était reine pour animer les conversations. Ses soirées étaient les plus recherchées, car elle savait, avec grâce et légèreté, être une conteuse ironique et spirituelle et pratiquait l'art de vivre, celui du XVIIIe siècle. En revanche, elle acceptait difficilement de n'être que la compagne d'André Malraux et non son épouse, et, de son humour corrosif, elle se surnommait elle-même « Marilyn Malraux ».

Dany Robin et Martine Carol étaient également présentes, ce jour-là, car l'écrivain cherchait l'héroïne de *Julietta*, film que Marc Allégret allait réaliser en 1953, avec Jeanne Moreau et Jean Marais. C'est Dany Robin qui décrocha finalement ce rôle que je convoitais mais, aujourd'hui encore, je suis persuadée que c'était en raison de mon trop jeune âge !

« La beauté pousse du sommeil comme une fleur », disait Antonin Artaud

Après avoir fait l'inventaire des soins prodigués à votre petite personne, apprenez, mademoiselle, à faire connaissance avec le meilleur ami de votre jeune beauté : le sommeil.

Une jeune fille « ronchonneuse » à l'heure du thé matinal peut devenir une jeune mariée inabordable au réveil... Puisque nous passons au lit environ vingt années de notre vie, dont cinq à rêver, apprenons à « bien » dormir ! C'est la base de notre santé, donc de notre humeur.

Une bonne nuit de huit à dix heures de sommeil est indispensable pour recharger les neurones des adolescentes : les rythmes scolaires, alliés aux troubles de la puberté, aux conflits familiaux et à l'exaltation des premiers émois amoureux, l'exigent. Si vos problèmes vous rendent parfois insomniaque, il faut immédiatement prendre le taureau par les cornes pour y remédier, en revisitant tout d'abord le lieu dans lequel vous dormez : votre chambre est-elle harmonieuse, et les coloris que vous avez choisis sont-ils propices au sommeil ? Votre lit vous convient-il ? Est-il bien orienté ? Votre pendulette est-elle silencieuse ? Peut-être suffit-il d'améliorer votre décor ! Dans votre chambre, vous dormez, écrivez, téléphonez : faites-en un lieu de confort et de beauté, créez-vous une atmosphère de calme, de douceur et de joie de vivre.

Dans chacune de mes maisons, j'ai apporté une attention toute particulière à l'organisation des chambres à coucher : le choix de la literie, des draps, des oreillers, couettes ou couvertures selon la région dans laquelle elles se trouvent, tentures des murs, épaisseur des rideaux...

À votre âge, les couleurs pastel sont idéales dans la chambre à coucher, et la fraîcheur de votre carnation autorise les bleus et les verts pâles, qui, sans être les plus flatteuses pour le teint, sont des couleurs « apaisantes ». Évitez, bien évidemment, les mélanges agressifs, tout comme les motifs trop bariolés.

Conseil : dans une chambre aux couleurs vives, ne mettez que des fleurs blanches.

Il est reconnu que l'on dort mieux la tête au nord et les pieds au sud : peut-être faut-il vous aider d'une boussole et changer votre lit de place ? Quant au confort de celui-ci, il peut être ressenti différemment par chacune de vous : pour certaines, la dureté du matelas ou la minceur du futon est indispensable au bon sommeil ; d'autres ne s'endormiront que dans un moelleux lit de plumes...

Comme on fait son futon, on se couche : le

chapitre du linge me paraît d'autant plus important qu'il peut évoluer selon la saison : draps de fil ou de lin en été, flanelle veloutée en hiver, mais jamais au grand jamais de synthétique ! Il est également reconnu qu'il est mauvais pour la nuque et la colonne vertébrale de dormir avec traversin et oreillers : si vous aimez voir votre lit couvert de jolis coussins, gardez-les pour la lecture, mais faites-les disparaître avant de vous endormir.

Conseil : pour celles qui ont un problème de dos, vous trouverez, à Paris, à « La Boutique du Sommeil », un oreiller spécial dont vous me direz des nouvelles !

« Un bon bâilleur en fait bâiller sept »,

assure le dicton. C'est le stretching de votre appareil respiratoire qui débloque vos tensions (physiques et morales). Cette attitude instinctive – souvent incontrôlable – peut se travailler avec des exercices.

Exemple : asseyez-vous sur un tabouret, basculez le corps en avant, dos plat et tête droite. Les mains dans le dos, bâillez tout votre soûl, en allongeant votre cou.

Lorsque j'ai rencontré Primrose Bordier, notre passion commune pour le joli linge de maison a fait que nous avons tout de suite sympathisé. Les magazines de décoration de l'époque disaient : « Avant elle, le blanc était blanc. » C'est Primrose qui m'a appris à mettre de la couleur dans les draps de mon lit, sur les éponges de ma salle de bains et les nappes de ma salle à manger. Je lui dois des déjeuners joyeux et pleins de fantaisie, et des nuits... des nuits...

Je sais que vous avez troqué la chemise de nuit contre le long tee-shirt pour vous mettre au lit : je vous le souhaite comme vos rêves, rose, fleuri, et sentant bon la lavande. Un bouquet de feuilles d'eucalyptus placé dans la chambre clarifie vos voies respiratoires durant le sommeil, tout en y diffusant une fragrance exquise.

Un verre de lait tiède ou une petite tisane avant de vous coucher sont également salutaires à la bonne santé et favorisent un prompt endormissement. Vous pouvez aussi manger une pomme, à condition qu'elle ne soit pas trop acide : cela vous donnera un teint frais et vous assurera un sommeil paisible.

À part la classique décoction de fleur d'oranger, j'aime bien ces tisanes-ci :

– Une ancienne légende veut que le fenouil fasse fuir les sorcières... et soit propice à un sommeil réparateur : en activant les glandes digestives, la décoction de ses graines a des propriétés apaisantes, tout en parfumant agréablement la bouche.

– Comme moi, joignez l'utile au plaisir des sens : à la montagne, ma ravissante fée, Manuela, a créé un jardin d'herbes, à dominante de thym. Cela sent merveilleusement bon l'été, et Manuela me le cueille, tout frais, pour m'en faire une naturelle tisane, à consommer au déjeuner car le thym est un excitant. L'odeur de cette plante est persistante, cet aromate pousse vite, et, en ville, vous pouvez agrémenter vos rebords de fenêtres de jolis petits pots dont vous couperez la production au fur et à mesure de vos besoins.

Et la gym, vous y pensez ?

Le seul cadeau que m'ait jamais fait Jean-Gabriel Domergue... eh bien non, mesdemoiselles, ce n'était pas un tableau, mais une paire d'haltères, avec laquelle je m'imposais quelques mouvements quotidiens. Les jeunes filles préfèrent souvent la danse classique, l'aérobic ou la danse arabe à la gymnastique, mais cette pratique est salutaire si vous voulez – pour plus tard ! – garder forme et souplesse à votre silhouette : je peux vous assurer que vous en ressentirez, un jour ou l'autre, les bienfaits.

L'exercice physique est indispensable : à chaque tempérament de trouver le sport adapté à sa personnalité, d'en décider la régularité et surtout de la respecter.

La première chose que les mannequins apprennent, c'est à marcher : ce qui vous donnera un port de reine est le Bottin posé sur la tête. Épaules droites, ventre rentré, fesses serrées, vous ferez trois fois le tour de votre chambre à coucher. La même discipline est à pratiquer discrètement dans la rue (sans le Bottin !).

Les sportifs savent qu'il faut s'échauffer avant un effort intense : trois quarts d'heure environ d'entraînement sont nécessaires pour que les toxines commencent à s'évacuer. Optez pour deux fois une heure de gym par semaine plutôt que pour un quart d'heure tous les matins, et, le reste du temps, vous avez trois bonnes pratiques à exercer : la marche à pied, la natation et la bicyclette : ne vous en privez pas !

Si vous saviez comme vous êtes jolies dans vos tenues de jogging couleur arc-en-ciel ! Fraîches, naturelles, sans maquillage, cheveux nattés et nez au vent, c'est un plaisir que de vous voir vous occuper de votre santé !

Bilans de santé et conseils du généraliste

Ces quelques règles élémentaires étant posées, vous devez, une fois par an quand vous n'avez pas de troubles particuliers, effectuer une visite chez :

– Le médecin généraliste, pour vérifier : le poids, le régime, les différentes fonctions digestion et transit. Il faut aussi faire un bilan sanguin en cas d'anémie.

– Le gynécologue, pour un examen complet : seins, examen du col utérin, et, s'il y a lieu, frottis pour dépistage éventuel d'une infection virale dont on sait actuellement les risques ultérieurs.

– Le stomatologiste ou le dentiste, pour contrôler l'état des gencives, redresser vos dents et dépister les caries possibles.

– Le dermatologue en cas de problème de peau : tendance à la séborrhée ou à l'acné. Si vous savez être vigilante, il existe actuellement des traitements très efficaces.

Ces quelques recommandations devraient pouvoir aider la jeune fille jusqu'à l'âge de vingt ans : il ne faut pas attendre les méfaits des années pour commencer à se soigner.

L'entretien de sa beauté est étroitement lié aux soins que l'on consacre à sa santé et nécessite, avant tout, quelques règles d'hygiène de vie : le tabac, l'alcool, les drogues sont bien évidemment proscrits.

Une alimentation équilibrée, régulière et variée, pas trop riche en sucres, doit être adaptée selon la stature physique de chacune. Il n'y a pas de poids idéal et réglementaire, et des régimes trop stricts et mal conduits peuvent amener de graves désordres.

Le problème invisible à seize ans, fatal à long terme : les expositions solaires

« Fry now, pay later * », ont constaté les Américaines, face aux ravages effectués par ce faux ami : le soleil. Il est indiscutable que l'exposition solaire vieillit la peau prématurément, pouvant même entraîner, vers quarante ans, lorsqu'elle est excessive, l'apparition d'un teint jaunâtre, de taches marron au niveau du dos des mains et du visage. Contrairement à l'époque des impressionnistes où la pâleur était de rigueur chez les femmes bien nées, avec la vogue des voyages vers les pays chauds du bout du monde la mode est au bronzage, et il est bien ingrat de faire passer à une jeune fille le message de la prudence... Comment expliquer, sans être pontifiant, que l'effet cumulatif des ultraviolets sur la peau ne se voit qu'à partir d'un certain délai, d'autant plus court que les sujets ont le teint clair ? Sans être rabat-joie, il faut pouvoir faire entendre fermement que chaque femme, selon son aptitude pigmentaire, a un « capital solaire » à ne pas dépasser. N'oublions pas que, médicalement parlant, le bronzage traduit une défense de la peau, et qu'il est considéré par les dermatologues comme une cicatrice plutôt que comme un bienfait.

* Grillez maintenant, payez plus tard.

L'utilisation régulière de crèmes antisolaires s'impose. Bien qu'elles filtrent efficacement les ultraviolets qui provoquent le coup de soleil, elles laissent passer beaucoup d'UVA dont on sait qu'ils sont responsables en grande partie du vieillissement cutané. Si l'on prescrit un antisolaire, il est impératif qu'il soit également protecteur, en cas de risque extrême, comme l'exposition à la plage et à la montagne. Blondes aux yeux bleus et rousses aux yeux verts, redoublez d'attention : vous êtes encore plus sensibles au soleil que les brunettes !

Veillez à une bonne hydratation cutanée, en utilisant de préférence des émulsions eau dans l'huile, crèmes plutôt grasses, afin de protéger une peau agressée toute la journée par les éléments atmosphériques et la pollution des villes. Ce soin doit être constant et sans faille. Pour la toilette du visage, rien n'est plus efficace que l'application d'un lait, plus doux que l'agressif savon, à condition de rincer avec une pulvérisation d'eau non calcaire, Évian par exemple. (Les dermatologues n'aiment pas beaucoup les lotions astringentes pour le démaquillage...) Bien sécher avec un Kleenex, et attendre dix minutes avant de poser la crème de soin sur une peau sans humidité.

Il est bien connu que l'usage du tabac donne un teint jaunâtre et une mauvaise haleine.

L'avertissement du dermatologue : le problème immédiat et visible, c'est l'acné

Ressenti comme une tragédie il y a quelques années, le problème de l'acné peut encore être celui des jeunes filles, mais, aujourd'hui, les dermatologues sont armés pour guérir cette maladie. Si elle résiste aux traitements classiques, on a la possibilité d'utiliser un médicament remarquable : l'Isotrétinoine, indiqué dans les cas d'acné grave.

Une interdiction majeure : même si c'est tentant lorsqu'on se regarde dans la glace, on ne presse jamais les boutons, surtout sur le visage ! Il peut en rester des cicatrices difficiles à réparer, voire indélébiles. Dans tous les cas, un seul impératif : sans attendre, consulter un dermatologue.

Côté gynécologique...

De seize à vingt ans, tout se joue ou tout s'est déjà joué ! C'est l'âge des engagements amoureux. Le gynécologue est à l'écoute et donne les réponses aux interrogations : même si elles peuvent, parfois, sembler singulières, sachez, mesdemoiselles, qu'elles sont souvent bien similaires ! « Comment cela fonctionne-t-il ? », « Suis-je normalement constituée ? », « Pourrai-je avoir des enfants ? »

Le bien-être, c'est apprendre à vivre sa féminité dans la sérénité, à aborder simplement les problèmes de règles douloureuses, à être à l'aise dans sa sexualité : on peut plus facilement, de nos jours, prévoir, calmer, régulariser. Quant au gynécologue, il sait aussi compléter l'enseignement du professeur de biologie, et la jeune fille doit apprendre à lui parler de sa sexualité et de ses petits problèmes, en toute franchise : souffre-t-elle de douleurs lors des rapports sexuels ? de fréquentes cystites ? de mycoses ? d'irritations ? L'examen gynécologique (qui n'est pas systématique à la première consultation) permet d'expliquer, de montrer, de rassurer : pour cette raison, les très jeunes filles se sentent généralement plus en confiance avec une gynécologue.

Notre époque mouvementée veut que l'on évoque très tôt le risque des maladies sexuellement transmissibles (MST), et que l'on apprenne à s'en protéger. Les adolescentes deviennent concernées, lorsqu'elles sont bien informées sur le sida, l'hépatite B, l'herpès, les chlamydiae (bactéries Gram négatif, responsables de maladies sexuellement transmissibles et parfois de stérilité). Aborder sa sexualité, c'est aussi aborder la contraception. Le praticien insiste sur l'utilisation du préservatif (de rigueur, dans tous les cas, car on ne guérit pas encore du sida), et les vaccinations contre l'hépatite B et la rubéole. En ce qui concerne « la » pilule, le médecin choisira parmi les marques et les dosages existants celle qui conviendra le mieux à sa jeune patiente. Celle-ci peut se la procurer gratuitement dans les centres de planning familial. Il y a également possibilité d'obtenir une prescription pour « la pilule du lendemain », pilule contraceptive classique, fortement dosée, dans les soixante-douze heures qui suivent un rapport sexuel à risque (oubli ou rupture du préservatif).

Contrairement à la légende, la pilule ne fait pas pousser les poils, ne fait pas grossir et ne rend pas stérile !

De toutes les manières, l'examen gynécologique annuel ou biannuel comprend :

– le toucher vaginal,

– la palpation des seins,

– la prise de la pression artérielle,

– le contrôle du poids,

– les frottis réguliers : une fois par an tout d'abord, puis un frottis tous les trois ans en cas de stricte normalité,

– le bilan biologique : avant, puis au cours du troisième mois de pilule, puis régulièrement avec vérification de l'immunité vis-à-vis de la rubéole,

– les propositions : vaccination contre les hépatites B et A chez les voyageuses,

– le test de dépistage du sida.

Petit truc pour « têtes de linotte » : planifiez vos rendez-vous de bilans avant de sortir de chez le médecin. Effectuez-les, chaque année, à dates fixes, et notez-les dans votre agenda pour l'année suivante.

Côté rondeurs...

On vous dit que pour être aimées, pour être appréciées et réussir vous devez rester minces. À force de vouloir ressembler aux modèles qu'on vous impose, vous vous rendez malades. Seules 0,001 % d'entre vous entrerez dans la compétition, peut-être pour en faire un métier. Mais que de troubles de la personnalité allez-vous endurer pour une image éphémère ! Soyez prudentes, ne vous laissez pas influencer ni gagner par ce fléau qu'est l'anorexie.

La mode n'est plus aux jeunes filles maigres : musclées, peut-être, squelettiques, sûrement pas ! Le meilleur exercice que vous puissiez faire pour garder la ligne, devant un plat appétissant : tournez la tête de gauche à droite et dites « non merci » ! Et cela est valable pour tous les moments de la vie. Car il faut savoir que les bonnes choses sont défendues ou immorales, souvent les deux à la fois. Quand vous aurez appris à dire « non », vous aurez déjà fait un grand pas. À partir du moment où vous avez décidé de perdre les kilos qui vous encombrent, faites-le avec un diététicien.

Les jeunes filles amoureuses perdent parfois l'appétit, à moins qu'elles ne deviennent totalement boulimiques ! Certaines d'entre vous n'ont qu'à regarder la devanture d'un pâtissier pour prendre deux kilos... Ne faites jamais de régime draconien sans avis médical : dans les deux cas, le médecin saura venir à votre secours et trouver l'alimentation qui vous est propre. Il est certain que, de plus, à votre âge, entre les menus des cantines scolaires, les viennoiseries avalées à la hâte et les fameuses « bouchées » au miel et au chocolat que je vois cachées dans vos poches, il n'est pas évident d'être nourries d'une manière équilibrée.

Mais à l'inverse de la méchanceté, les kilos, ça peut se perdre ! Le conseil et le régime de votre si chère « amie » ne vous conviennent pas forcément.

Voulez-vous tester le petit truc dissuasif utilisé par la sublime Joan Collins lorsque celle-ci a une irrésistible envie de « grignoter » ? Mangez plusieurs cuillerées à soupe de fromage blanc à 0 % sucré au Canderel (pour rassurer votre estomac), et allez vite vous laver les dents : je vous assure que vous n'aurez plus vraiment faim !

Constat : On se souvient toujours de sa première conquête... À douze ans, on me surnommait « fil de fer », tellement j'étais maigre, mais j'avais déjà deux hommes à mes pieds : Georges Truchot, le fils du chiffonnier, m'offrait les fleurs qu'il avait récoltées dans les poubelles. Quant à Jackie Dahan, neveu de Gilbert Trigano, il tentait déjà de me faire porter son cartable. Ceci me permit de constater que les qualités et les défauts n'attendant point le nombre des années, il y a les hommes qui donnent et ceux qui prennent. Je venais de découvrir que séduire est un métier, être séduite en est un autre : mes échecs scolaires du dernier trimestre étaient dus à mes premiers émois amoureux. Cet état ne dura pas longtemps : le jour de la distribution des prix, j'avais recouvré mes esprits et appris à monter au filet. Georges avait abandonné la poubelle pour dévaliser les parterres de zinnias de la mairie de Puteaux, tandis que Jackie, en plus du sien, portait religieusement mon cartable... Les maigres belles et sexy, ça existe aussi !

Après l'adolescence, j'ai pris mes formes naturelles rondes et joyeuses. Cela ne m'a pas empêchée de réussir.

Beauté, ma chère beauté : astuces

« Le visage est un miroir où se reflètent les mouvements de la vie intérieure : accordez-lui beaucoup de soins. » Même si vous ne vous maquillez pas, utilisez une crème hydratante et débarrassez-vous matin et soir des impuretés avec un lait démaquillant, quitte à le concocter vous-même, c'est facile et amusant.

Lait au concombre, pour les peaux grasses : épluchez deux concombres, passez-les au mixer et récupérez leur jus à la passoire. Dans un récipient, mélangez soigneusement 30 grammes d'huile d'amandes douces et 50 grammes de glycérine avec le jus des concombres. Allégez avec 1/4 de litre d'eau distillée.

Lait à l'avocat, pour les peaux sèches : pelez un avocat, broyez-le au mixer et délayez dans une tasse à café de lait frais, préalablement bouilli et refroidi. Tamisez avant l'application.

Lait d'amandes, pour les peaux normales : après avoir ébouillanté 50 grammes d'amandes douces, passez-les encore au mixer, et mélangez le résultat obtenu à 1 litre d'eau de rose ou de fleur d'oranger. Filtrez, ajoutez une cuillerée de glycérine. Remuez avant l'utilisation.

N'oubliez pas que toutes les crèmes employées pour le visage doivent être appliquées en massant de bas en haut, et jamais le contraire !

Même si vous rincez et essorez consciencieusement votre gant de toilette, vous devez savoir que c'est un nid à bactéries ! Changez-en souvent, ou lavez-vous simplement avec la paume de la main.

La peau de vos mains a tendance à sécher :

afin qu'elle reste douce, ayez sur votre lavabo un flacon de lait pour le corps que vous utiliserez après chaque lavage. Profitez-en aussi pour blanchir vos ongles en les frictionnant avec un demi-citron.

Si, comme moi, vous vous coiffez toute seule, et que vous désespériez parce que votre mise en plis « ne tient pas », voici la solution : après le shampooing, séchez presque complètement vos cheveux, en veillant à les raidir au peigne. Montez alors votre mise en plis, vaporisez les rouleaux à la bombe Évian, et vaquez dans la maison à vos occupations en laissant vos cheveux sécher naturellement.

N'utilisez jamais le séchoir près de votre cuir chevelu : éloignez-le de vingt centimètres.

Méfiez-vous des envies passagères et ne fragilisez pas vos cheveux trop tôt : c'est généralement lorsqu'on a des baguettes de tambour que l'on rêve de la toison de Janet Jackson... Non, non, non ! pas de permanente avant vingt ans ! Il vous faudrait trois mois pour vous en remettre. Par la suite, résistez encore à la tentation : jamais plus de deux permanentes par an.

Lorsque j'étais gamine, j'étais obsédée par mes taches de rousseur, et toutes les mixtures à base de son que j'ai pu essayer ne m'ont jamais empêchée de regarder le soleil au travers d'une passoire... On me dit qu'elles font partie de mon charme et de mon attrait, car autres temps autres mœurs, les fabricants de cosmétiques ont maintenant lancé ces « crayons rousseur » qui imitent les petites taches ! Pour les cheveux, c'est la même chose : les reflets roux sont à la mode. Pour celles que rebute l'application du henné, trop acajou, voici une simple recette qui vous donnera un discret chatoiement : faites une infusion de pelures d'oignons, passez-la, et utilisez-la comme dernière eau de rinçage.

Les jeunes filles ont souvent des pellicules. Là encore, c'est chez le dermatologue qu'il faut évoquer ce souci, car vos pellicules peuvent être grasses (auquel cas il faut soigner votre séborrhée) ou sèches (et vous devrez alors nourrir votre cuir chevelu de bains d'huile). Dans l'un et l'autre cas, n'utilisez jamais de brosse trop dure : votre cuir chevelu irrité la préfère souple.

C'est une légende de dire qu'il ne faut pas se laver les cheveux trop souvent : depuis des lustres les actrices américaines et les top-models le font tous les jours, et leur chevelure est magnifique ! Leur méthode : employer un shampooing « usages fréquents », et rincer longuement.

Lorsque vous maquillez vos cils, posez d'abord une couche de mascara. Ne la laissez pas sécher, et effleurez d'un soupçon de poudre. Appliquez à nouveau. Un must : une brosse toujours propre et sans grumeaux !

Conseil : passez toujours le mascara d'abord sur les cils inférieurs, cela évite les dégâts ! Et si vous utilisez un eye liner, ouvrez la bouche bien grande en le posant : vos paupières ne trembleront pas.

Pour avoir bonne mine et dissimuler les cernes : si vous utilisez un fond de teint, ajoutez sous les yeux un blush rose très pâle, que vous estomperez du bout du doigt. Poudrez, avec une poudre qui doit toujours être d'une nuance plus pâle.

C'est la mode des lèvres charnues pour les jeunes filles ! Avec un crayon, qui doit toujours être de la même couleur que le rouge, il est facile de faire illusion : redessinez-les en les agrandissant de deux millimètres.

Un petit truc de « professionnel » pour faire tenir votre rouge : passer d'abord le crayon partout sur les lèvres. Estompez. Appliquez une première couche. Mordez légèrement un Kleenex. Poudrez les lèvres, et posez une deuxième couche de rouge à lèvres.

Conseil : si la mine de votre crayon est trop dure, posez-la quelques instants sur une ampoule électrique.

Pour garder impeccable votre fard à paupières : superposez deux applications et entre chaque poudrez à la poudre transparente.

Bien que la transpiration soit indispensable au bon fonctionnement de votre organisme, certaines d'entre vous souffrent de moiteurs dues, une fois de plus, aux petits problèmes de la puberté. Évitez, dans ce cas, de porter des matières artificielles, optez plutôt pour les cotons et les fils doux, vérifiez les matériaux de fabrication de vos chaussettes ! Le caoutchouc de vos baskets fait à vos pieds le même effet que si vous les enfermiez dans une cocotte-minute... Talquez-en l'intérieur, ajoutez le déodorant Scholl, et mettez-les une fois par semaine dans le lave-linge : elles n'auront plus alors que l'odeur de votre lessive. En été, marchez pieds nus dans le sable (ce qui est excellent pour la voûte plantaire).

Pas facile de trouver « chaussure à son pied » ! D'un côté, les podologues conseillent des talons n'excédant pas cinq centimètres ; de l'autre, vous êtes si bien dans vos baskets... Ne les portez pas tout le temps car elles vous font le pied tahitien, et imaginez le succès que vous auriez en mettant vos jambes en valeur avec de jolis escarpins !

Après une longue marche, prenez vingt minutes pour vous étendre, les jambes surélevées par un gros coussin placé sous les mollets. Pour une parfaite circulation, placez-vous, face au mur, oreiller sous la tête et jambes à la verticale.

En position assise, ne croisez pas les jambes ! C'est très mauvais pour la circulation.

Conseil : si vous aimez les montrer, croisez-les, mais seulement lorsque vous portez des chaussures à talons.

Comme les petites filles et les boxeurs, sautez à la corde ! C'est tout aussi bon pour vos muscles et votre souffle que pour la circulation du sang.

Overseas influence...

Dans une revue de Francis Blanche et Pierre Dac, M. D., qui se prenait pour une danseuse étoile, ne supportait pas l'idée que j'aie, moi, jeune starlette, le même costume qu'elle... Après quelques mots aigres-doux, nous en sommes venues aux mains : un photographe passait par là, ce qui me valut d'être, pour la première fois en France, en vedette d'un quotidien, et remarquée par le directeur de casting de la Twentieth Century Fox : j'avais vingt-trois ans, j'allais partir à la conquête de Hollywood ! Le Prince charmant était absent de mes rêves, au profit du contrat bordé d'or et d'argent que m'apporterait le fruit de mon travail.

J'étais bien décidée, tout en apprenant l'anglais, à m'initier à l'art de la comédie, de la danse, des claquettes et du chant, selon la stricte discipline à laquelle, je le savais, se pliaient les actrices américaines que j'admirais. Très vite, je m'aperçus qu'il ne s'agissait pas seulement de travailler dur, mais aussi d'accepter les règles de la Compagnie qui régissaient l'univers des artistes, encore plus tyranniques que celles d'un pensionnat de jeunes filles ! Pour nous mettre tout de suite dans l'ambiance, un écriteau était apposé sur la porte du studio de danse : « Work hard or get lost ! » (« Travaillez ou décampez »). Dans la plus pure tradition hollywoodienne, Darryl Zanuck m'avait proposé de faire partie du staff de la Compagnie dont il était le président, avec le classique contrat de sept ans réservé aux nouvelles venues. Dès les « essais », on m'avait demandé (ou plutôt ordonné) de décolorer mes cheveux en blond platine, ce qui était une hérésie, vu ma carnation ! De plus, indépendante comme j'étais (et comme je suis toujours), je n'avais pas quitté le cocon familial à quatorze ans pour me voir imposer des règles de vie qui faisaient pleurer quotidiennement des filles aussi formidables que Lana Turner et toutes les autres ! Tourner dans des films imposés, dont le rôle me plairait ou non ; porter, à l'écran et à la ville, les vêtements choisis par le Studio, qu'ils me conviennent ou non ; habiter un appartement dont « l'adresse » serait choisie par la Compagnie ; me faire accompagner dans les « parties » par un chevalier servant – trouvé par l'attaché de presse – afin que le *Hollywood Reporter* puisse nous « surprendre », dansant langoureusement... Je n'aurais pas eu le droit de voyager, de me marier sans que mon futur époux convienne à la production, ni d'avoir un bébé sans l'en avertir auparavant (!), de grossir ni de maigrir, de me couper les cheveux, d'être vue dans un restaurant ou une boîte de nuit de mon choix... Non merci, monsieur Zanuck, je n'ai jamais eu un karma d'esclave ! Ce qui me galvanisait était d'accéder aux formidables méthodes d'apprentissage de ce sanctuaire du cinéma : pendant quelques mois, je ne m'en suis pas privée, ayant eu le privilège de pouvoir m'intégrer aux séances des actrices sous contrat. La revanche, lorsque je ne pouvais pas passer mon nez sur les plateaux de tournage, était d'aller au cinéma, pour admirer l'explosive Leslie Caron, partenaire de Fred Astaire dans *Daddy Long Legs*, Jennifer Jones dans *La Colline de l'adieu*, Jane Russell (« la Bombe »), la sculpturale Ava Gardner, Esther Williams, incomparable sirène fendant les ondes...

Le scénario de *Sept ans de réflexion* obligeait la courageuse Marilyn à subir, avec le sourire, pendant autant de prises de vues qu'il le fallait, une cascade de glaçons qu'on lui glissait dans le dos : après une journée de tournage, bien que grelottante et trempée jusqu'aux os, elle sentit que cela « lui faisait du bien » ! Elle eut l'idée d'utiliser ce supplice à des fins de beauté et, avec sa légendaire gentillesse, m'apprit ce nouveau mode de soins relaxants que je ne m'aviserais pas, malgré ses bienfaits, de pratiquer aujourd'hui...

À Hollywood, j'ai compris le mécanisme qui gouverne la vie des Américaines (actrices ou non, d'ailleurs...) : sans faille, elles s'occupent de leur visage et de leur corps, qu'elles considèrent comme leur plus solide investissement, dans la quête de ce qu'elles veulent obtenir : « money, money ».

Backstage

Toute cette épopée a été pour moi un voyage d'observation plus qu'autre chose : j'y ai beaucoup appris. Je prenais des notes : rien ne m'échappait !

Par quel miracle, tout d'abord, ces futures stars gardaient-elles des cheveux superbes, et un teint de pêche malgré les « pancakes * » épais comme du plâtre, qu'elles supportaient parfois dix heures d'affilée, les décolorations à outrance, les perruques ? Les faux cils, faux ongles, faux seins étaient des accessoires incontournables... Ayant accès aux loges des vedettes, je notais les noms des produits de beauté qu'elles utilisaient, je regardais les doublures des robes pour y déceler les artifices, contrôlais, telle une espionne, les formules des shampooings et des traitements dont elles faisaient leur quotidien. C'est à ce moment-là que

* Inventé par Max Factor et utilisé par tous les maquilleurs de Hollywood.

j'ai relevé le fait que les Américaines lavent et soignent quotidiennement leurs cheveux, ce qui, en France, n'était même pas envisageable.

Lorsque, plus tard, j'ai été sur la scène de ce théâtre des Capucines où le public est si près des acteurs qu'on a l'impression d'être regardée à la loupe, mes « carnets de notes » m'ont servi à avoir toujours un physique irréprochable « on stage » et à connaître les subtilités de la négociation d'un contrat.

Un art que j'ai dû mettre en pratique quand Mitty Goldwin, le directeur de ce théâtre, m'a engagée pour danser dans une revue dont les vedettes étaient Scarpini et Brancato, deux célèbres travestis, talentueux et charmants. Je devais doubler quatorze danseuses pour 100 francs, un salaire plus que modeste. Après quelque temps, je me décidai à demander une augmentation. Très impressionnée devant ce grand directeur, je lui dis : « Croyez-vous, monsieur, que je puisse vivre avec 100 francs par jour ? » Très calmement, il me répondit : « Je ne sais pas, mademoiselle, je n'ai jamais été danseuse. » Mon grand sens des affaires me fit quand même obtenir 102 francs...

À Hollywood, j'ai été très surprise de découvrir cette « contamination » par les vitamines, dont les Américaines usent et abusent parfois, hélas ! sans discernement. Mais cela m'a donné l'envie d'être, comme elles, la gardienne de mon corps au fil des saisons, en préparant un calendrier hebdomadaire de boissons fraîches, à base de jus de fruits et de légumes, vitamines A, C et E, à prendre avant le petit déjeuner. À adopter, après avoir investi dans la centrifugeuse :

Lundi : lendemain des agapes du week-end, des repas de famille et friandises interdites, un sérieux dépuratif : dans un verre d'eau de Vichy Célestins tiédi, pressez le jus d'un citron, ce produit de beauté universel ! (vitamines régulatrices, anti-infectieuses et tonifiantes).

Mardi : un jus mixte, composé de carottes auxquelles j'inclus une demi-botte de persil pressé (vitamine du tonus).

Mercredi : en septembre, lorsque je suis à Château Clarke, je profite des vendanges pour boire un jus de raisin fraîchement cueilli. Les autres mois de l'année, je le remplace par un mélange mandarine-orange.

Jeudi : en été, un tutti frutti de fruits rouges : framboises, fraises, groseilles, cassis. Le reste de l'année, le classique pamplemousse fait mon affaire.

Vendredi : pour me préparer aux éventuels excès du week-end, je m'offre un petit diurétique : un frugal verre de bouillon de poireau.

Samedi : avant l'été, un jus d'abricot...

Et le *dimanche* j'attends avec impatience mon verre de bordeaux !

D'une manière plus traditionnelle, depuis ma tendre jeunesse je me suis habituée à faire régulièrement des cures de magnésium, cet infaillible antistress. Nous savons que cet oligo-élément équilibre le système nerveux, mais nous oublions souvent que, si nous nous sentons, sans raison, fatiguées ou déprimées, c'est parce que nous en manquons : pour être vraiment en pleine forme, nous devrions en absorber 300 mg par jour ! Malheureusement, le magnésium se trouve dans tout ce qui est grossissant : le pain blanc (si bon, tiède, sorti du four...), le chocolat, les fruits secs. Vous pouvez néanmoins faire votre « plein de magnésium » en modifiant quelque peu votre alimentation : mangez du sel non raffiné, du pain complet, et, surtout, cuisinez vos légumes verts au cuit-vapeur, exclusivement.

L'Amérique ne me suffit pas !

Lassée de la Californie mais n'ayant pas traversé l'Atlantique pour rentrer immédiatement en France, j'avais aussi la ferme intention de perfectionner mon anglais encore défaillant. Plusieurs de mes relations parisiennes m'avaient donné des points de chute, et, après quelques jours de réflexion, je décidai de prendre contact avec Yale Burge, président des antiquaires de New York : je me trouvai immédiatement invitée à un dîner à l'ambassade de France, à Washington.

À peine le temps de dire « bye bye Hollywood », ma valise était bouclée : elle contenait l'indispensable petite robe noire et le rang de perles passe-partout acheté chez Macy's. J'ai toujours su voyager léger !

Rien ne m'arrêtait, j'allais, en douceur et en finesse, découvrir le monde diplomatique. L'épouse de l'ambassadeur était une femme blonde suprêmement élégante, et elle portait évidemment ce soir-là « the » robe noire, rehaussée de « the » collier de perles. Je me sentis tout de suite à l'aise et bien dans mes petits souliers ! « Vous parlez anglais, j'espère ? me demanda-t-elle, car votre voisin de droite ne sait même pas qu'un pays s'appelant la France existe ! »

Mes escarpins se rétrécissaient subitement. À ce moment, je décidai que je ne quitterais pas ce pays sans avoir Fitzgerald et Hemingway comme amis intimes... Heureusement, j'avais aussi un voisin de gauche tout à fait civilisé : il comprenait mon franglais et s'intéressait à moi. Il m'apprit que Louis Réard cherchait des mannequins qui, durant une tournée mondiale, lanceraient ses produits, révolutionnaires pour l'époque. Louis Réard était cet industriel français qui, quelques années auparavant, à la suite de l'expérience nucléaire sur l'atoll de Bikini, avait lâché sa propre bombe durant une « Fête de l'eau » organisée à la piscine Molitor : reprenant un mot passé maintenant dans le langage courant, son « bikini » à lui était un maillot deux pièces si petit qu'aucun mannequin n'avait accepté de le présenter durant ce défilé. Il engagea alors Michèle Bernardini, danseuse vedette du Casino de Paris, à qui cette minuscule petite culotte retenue par deux ficelles sur le côté, surmontée de deux simples triangles en guise de soutien-gorge, ne faisait pas peur... Malgré ses détracteurs, le bikini eut immédiatement ses adeptes et fut adopté par les jolies Parisiennes ravies de montrer leur corps bronzé, et par les starlettes photographiées sur les plages des premiers « Festival de Cannes ». L'idée de faire partie de l'équipe composée de six jeunes filles, ficelées dans des « bikinis » sur mesure, me fascinait. Réard n'avait pas lésiné sur l'itinéraire choisi : Singapour, Bali, Tahiti (A uhé ta ta hué !). Ce n'était pas seulement le salaire (royal) proposé pour cette tournée qui me séduisait, mais je rêvais surtout de vivre dans de merveilleux palaces, et de faire la découverte du monde et de ses habitants.

Deux jours plus tard, j'allai me présenter au directeur de la firme Réard à New York, et fus engagée sur l'heure. Mon premier tour du monde était en route.

Imaginez la gentillesse et la gaieté avec lesquelles les six Parisiennes et leur chef d'orchestre, Louis Réard, ont été reçus ! Les Tahitiens sont merveilleusement accueillants, et je garde le meilleur souvenir de mon passage dans leurs îles. L'arrivée à Papeete, tout d'abord, où l'odeur unique au monde dispensée par la fleur de tiaré vous enivre dès la descente de l'avion... Et puis ces jeunes filles joyeuses, qui ornent votre cou de colliers de fleurs, tandis que de beaux garçons improvisent sur leur guitare, à l'aéroport, des chants de bienvenue...

La vie tahitienne était traditionnellement réglée sur le rythme des saisons et surtout de la fête : tout était prétexte à la fête ! Les cochons de lait tournaient sur leur broche, les pêcheurs rapportaient des poissons scintillants attrapés à mains nues, que l'on grillait sur la plage, les pirogues décorées de feuilles de bananiers étaient remplies de fruits cueillis sans effort et de légumes inconnus... Le « faré » où je logeais au kilomètre 18, sur la plage, était un enchantement. Les levers et couchers de soleil n'étaient distraits que par le bruit des noix de coco tombant lourdement des arbres... « Ne sois pas inquiète, me rassuraient les Tahitiennes dans un grand éclat de rire, les noix de coco ont des yeux : elles ne te tomberont jamais sur la tête, mais juste à côté ! » À Tahiti, tout le monde sait chanter et ne s'en prive pas. Les soirées étaient merveilleusement gaies et se terminaient au petit matin...

Pour séduire leur « tané » (fiancé), les jeunes filles rivalisaient dans l'art du « tamouré », cette danse ayant un lointain rapport avec le « hula hoop », si difficile si on ne l'a pas apprise au berceau.

J'ai eu là une grande satisfaction personnelle, le soir où j'ai remporté le concours de tamouré et gagné une toute petite perle noire que je regarde encore aujourd'hui comme un magique grain de poivre... À Tahiti, j'ai aussi rencontré des gens qui sont, depuis tant d'années, restés des amis très proches : les frères Schoeller (dont l'un épousera Françoise Sagan), les frères Gall, journalistes célèbres pour leur bande dessinée, « Rue de l'Estrapade », les frères Rosenthal, dont, depuis tant d'années, les parents ont été les découvreurs de ces fameuses perles noires. (Que de frères !)

Je retrouverai plus tard les frères Rosenthal, lorsque mon mari me fera la surprise de ma bague de fiançailles : le rubis qu'il avait choisi avait été proposé par Hubert, descendant de l'illustre dynastie des joailliers...

Monsieur Soleil

À mon retour à Paris, je fus convoquée à une audition par Sacha Guitry pour un rôle charmant dans son prochain film *Si Versailles m'était conté*. Il se trouve que le fer de lance de mon répertoire « d'audition » était le rôle de Loulou dans *Mon père avait raison*, de Sacha Guitry (œuvre importante pour le maître, car celle-ci scellait sa réconciliation avec Lucien Guitry, son infernal et merveilleux père...).

Au meilleur de ma forme et pas du tout intimidée, je martelai mon texte, trépidante comme une machine à écrire... Malgré mon enthousiasme, je ne fus pas engagée, mais Sacha Guitry me regarda avec bienveillance et me lança une phrase qui vaut tous les rôles du monde : « La chance que tu as, c'est d'avoir vingt ans, toutes tes dents, et pas d'argent. Mais ça viendra. » Je ne l'ai jamais oublié, car je n'ai peut-être pas tourné au château de Versailles, mais depuis je vis dans celui de Pregny...

1958 : deux rencontres qui n'étaient pas anodines

Je fis la connaissance de Claudia Cardinale. Elle avait vingt ans, et sa beauté déjà farouche venait d'en faire la Sicilienne du *Pigeon* de Monicelli. Celui qui nous présenta l'une à l'autre était Alexandre Mnouchkine, producteur, entre autres, des films de Christian-Jaque et Michel Boisrond, avec qui j'avais déjà travaillé. Ce jour-là, nous n'avons prêté qu'une attention distraite à l'adorable jeune personne qui était avec lui : sa fille Ariane, dont l'allure énergique aurait dû nous laisser subodorer la réussite, due au tempérament et au talent de la future créatrice du Théâtre du soleil...

J'ai suivi avec joie et amitié la fulgurante carrière de Claudia, et nous sommes toujours restées des amies. Quelle merveille de femme ! Elle est éclatante, en 1997 comme en 1958, et sa fille Claudia, dont le père est le réalisateur italien Pasquale Squitieri, est aussi belle qu'elle ! On sent déjà que cette jeune personne saura garder ses distances dans toutes les circonstances.

Constat : À ce propos, ne laissez jamais dire de vous : « Cette meuf-là, elle " sort " avec tout le monde... » Du CP au lycée, du lycée à l'université, cette constatation ne varie guère et votre réputation sera tôt faite. Ne vous laissez pas « traiter » ! Si vous vous conduisez comme une enfant mal élevée, il faut vous attendre à être considérée comme telle. Sachez garder vos distances avec charme et gentillesse.

Attention, votre mère n'est pas dupe ! Elle aussi lit les magazines féminins, elle est au courant de vos évolutions, souvent elle comprend votre jargon, ce qui ne l'empêche pas de se poser des questions et d'être soucieuse. Si vous vous y prenez bien, elle sera toujours votre meilleure alliée.

Les artistes se succédaient à l'Olympia, dont j'étais la présentatrice, certains connus, d'autres pas encore : Gilbert Bécaud, Charles Aznavour, Jacques Brel, Georges Brassens... J'étais la « groupie » heureuse qui côtoyait sur scène et dans les coulisses ces vedettes tant applaudies. Je récoltais une partie de leurs lauriers, et je dois avouer que j'avais mon petit succès. L'un d'eux, peut-être le plus gentil, me proposa à plusieurs reprises d'aller souper avec lui après le spectacle. Patte de velours et griffes mortelles, je répondais toujours poliment « avec grand plaisir... demain ». Ce fut toujours « demain ». Un soir, une nouvelle chanson apparut à son répertoire : cette « jolie fleur dans une peau de vache » m'était dédiée...

Comme ton humour et ta tendresse nous manquent, mon cher Georges !

Amour passade, caprice d'un instant ou marivaudage...

Les évolutions des générations ne changent rien au cœur des jeunes filles : elles ont cette extrême fraîcheur et ne savent pas encore que l'amour doit avoir des racines pour vivre. Elles confondent de la même manière, avec la même ingénuité, la découverte d'une attirance et « le » grand amour, celui de toute une vie, cela même si nous ne sommes plus à l'époque de la comtesse de Ségur, lorsque cousins et cousines se retrouvaient, le temps des grandes vacances, et se juraient, à l'ombre du cattleya, de s'épouser lorsqu'ils auraient dix-huit ans... L'horloge tourne, mais les sentiments ne changent pas, les premières émotions sont identiques... Nous en savons quelque chose, mesdemoiselles !

« Je t'aime... un peu... beaucoup... passionnément... à la folie... »

À votre âge, vous préférez la marguerite à l'oracle, et cet effeuillage, cent fois renouvelé par défi, vous procure un trouble délicieux : il faut être jeune pour effeuiller la marguerite. « Je t'aime et tout est beau... » Il suffit d'avoir le don de rêver l'âme ouverte pour confier à une jolie fleur toute simple, au cœur jaune soleil et à la jupe couronnée de fins pétales blancs, le soin de vous dévoiler la vraie nature des sentiments de celui qui vous fait palpiter le cœur.

Pétale après pétale, la marguerite vous dira qu'il vous aime « beaucoup », ce qui n'est pas tout à fait ce que vous attendez, car l'adverbe « beaucoup », rapproché du verbe « aimer », fait glisser son sens vers celui de l'amitié. Vous, c'est l'amour que vous espérez, et non un sentiment tiède...

Achever l'effeuillage sur le pétale du « passionnément », c'est déjà mieux, quoique, on ne le sait que trop, la passion brûle celle qui s'y frotte. Qui dit « passion » pense immédiatement « feu de paille » : une passion est toujours limitée dans le temps, car elle dure, hélas !

Ce que vivent les roses,
L'espace d'un matin...

Avoir la chance de terminer ce jeu imprudent sur « à la folie » donne envie d'aller faire sa valise, sans même prendre le temps de ranger ses affaires : votre baromètre d'amour calé au beau fixe, que peut-il vous arriver de mieux ? La folie, c'est le rêve le plus enchanteur, c'est le ciel bleu par-dessus les nuages, la béatitude qui vous installe en état de perpétuelle lévitation, toutes malveillances, embûches et médisances reléguées au placard. « À la folie », c'est beau comme une valse de Vienne, c'est vous, vêtue de la sublime robe de bal de Katya, tournoyant dans les bras d'Alexandre, le tsar de toutes les Russies. Valser tous les deux, la tête envahie de la musique de Strauss... Valse folle qui s'envole jusqu'au petit jour, virevoltante dans les salons somptueux du palais impérial... Rien que vous deux, seuls au monde, tout à votre bonheur... Oubliée, la vie de tous les jours ! En remplaçant les valses de Vienne, le Caruso de Florent Pagny fait frissonner chaque parcelle de votre corps... Détachée des marches de l'échelle du temps, vous vous envolez, ailes déployées, pour atteindre les cimes où vous allez naviguer dans des sphères féeriques.

C'est aussi Michel Sardou et son « Je vais t'aimer comme on ne t'a jamais aimée »... qui vous enivrent de ces promesses d'absolu et d'éternité. Quand on danse avec l'amour, on oublie les jours pour ne se rappeler que les nuits... Quand le cœur a fait trois tours, on voudrait toujours danser avec l'amour...

La magie d'une chanson envahit et transforme une chambre banale, habillée des couleurs du quotidien, et elle a le don, dès ses trois premières petites notes, de vous transporter dans le monde merveilleux de l'amour fou, celui qui vous conduit à l'union souhaitée, sur un beau cheval blanc.

Laquelle d'entre vous, en feuilletant un magazine, n'a jamais rêvé devant le plus féminin des vêtements : la robe de mariée ? Elle est la matérialisation de votre amour, certes, mais surtout de votre pureté, lorsque vous arrivez au mariage « en vraie jeune fille ». N'oubliez pas, mesdemoiselles, que votre virginité est un capital qui ne se renouvelle pas : votre pureté est une valeur sûre qu'il faut vouloir réserver à celui en l'honneur de qui vous porterez cette robe, un jour et un seul, le plus beau de votre vie !

Connaissez-vous, d'ailleurs, la jolie histoire de la robe de mariée, qui fut très longtemps de toutes les couleurs, sauf... blanche ! Chez les Romains, le manteau safran et le voile orangé couvraient une tunique ivoire, tandis que les jeunes filles du Moyen Âge devaient porter la robe de drap vert, indiquant qu'elles n'avaient jamais appartenu à un homme. Dans certaines provinces françaises, on arborait son plus joli costume régional, couronné de la coiffe la plus recherchée, tandis que d'autres se contentaient de la robe noire, agrémentée d'un tablier brodé. La grande innovatrice, celle qui mit le blanc à la mode, fut Joséphine de Beauharnais, lorsqu'elle épousa religieusement Napoléon, le 1er décembre 1804, la veille du sacre : pour mettre en valeur son teint de créole, elle osa le blanc pur. Grâce à elle, les jeunes filles optèrent pour les tons pastel, jusqu'à préférer définitivement le blanc, en harmonie avec les dentelles de famille qui se transmettent de mère en fille. Et, lorsque Marie apparut à Bernadette Soubirous dans la grotte de Massabielle, toutes les demoiselles ceinturèrent de bleu pâle leur blanche robe de mariée...

Mon envie de sentir heureuses, autour de moi, mes jeunes amies fait que je suis toujours prête à entendre et à comprendre les petits chagrins et soupirs amoureux des unes et des autres.

Au printemps de notre vie, nous nous enflammons extrêmement vite. Les très belles histoires sont celles de nos dix-sept ans, celles que l'on voit avec un cœur tout neuf : nous ne savons pas encore comment on va aimer, mais, déjà, il n'y a rien de plus important ! De quelque manière que cela se traduise, je peux vous dire que la période du premier amour n'est qu'un éternel recommencement. On n'est pas encore sûre : comme les papillons, on ne s'est pas encore brûlé les ailes... Tous les jeunes gens sont d'accord : rien de moins érotique qu'une jeune fille qui se dévoile au premier rendez-vous. Ils vous diront que votre mystère permet de rêver et vos silences de vous deviner. Dites-lui : « Je t'aime. » Dites-le-lui trop vite et il fuit. Mais dites-le-lui au bon moment, et il fond !

Selon votre caractère, votre imaginaire sera toujours comblé ou ne le sera jamais : dès le printemps de votre vie, jouez les actrices ! Et pour continuer à faire régner l'optimisme, j'ai choisi de vous conter une histoire qui grâce à moi, je crois, s'est bien terminée...

Histoire vécue : premiers émois

Récemment, je traversais le parc royal de Bordeaux, lorsque l'attitude d'une jeune fille, que je voyais de dos, attira mon attention : à première vue, elle donnait simplement du pain aux cygnes évoluant sur le lac. À sa chevelure blonde et soyeuse qui me faisait penser à Marina Vlady dans *La Princesse de Clèves*, je reconnus immédiatement Delphine, fille d'une de mes amies, et m'arrêtai un instant pour l'observer : la « pose » était charmante, mais je la sentais destinée à un invisible spectateur. Je songeai immédiatement : « Delphine est amoureuse ! » Ma curiosité fut bien vite satisfaite : quelques secondes plus tard, un jeune et beau garçon, un instant saisi à la vision de cette mise en scène de charme, se dirigea vers elle. Entrant dans son jeu, il l'enlaça et l'embrassa sur la nuque. Lorque la jeune fille se retourna, ses joues roses, ses yeux brillants confirmèrent ma pensée : je venais d'être l'indiscret témoin de l'ébauche d'un premier amour... Ce qui me surprenait était de découvrir que, sans aucune expérience, Delphine savait déjà instinctivement encourager et préserver l'émotion de l'autre, en implantant un décor féerique autour de son rêve. Inconsciemment, peut-être, par la blancheur du cygne qui l'approchait, elle symbolisait ses sentiments.

Clara, la mère de Delphine, est une de mes amies, et j'avais pu constater qu'elles étaient le contraire l'une de l'autre. Clara est une femme de carrière, avocate. Elle va de l'avant, aime sa liberté, et rêvait de voir sa fille reprendre un jour son cabinet.

Connaissant bien la petite, dont j'étais un peu la confidente, je savais à quel point Clara se trompait : sa fille vivait avec Cupidon, sa seule vérité était l'amour. En ne rêvant que de paix et de sérénité, pour avoir l'air de poursuivre ses études, Delphine faisait une licence de philosophie. Clara connaissait bien évidemment l'existence d'Éric, mais elle le trouvait ennuyeux. Le jeune homme avait vingt-cinq ans, il était brillant, et d'un naturel calme et réfléchi. Aîné de ses frères et sœurs, il venait de rentrer dans l'entreprise de son père. En tant que « médiatrice », j'essayais toujours d'être le gourou positif, prenant manifestement parti pour Delphine. Je raisonnai mon amie : « Laisse-la se marier. À ta place, je serais heureuse : pense plutôt au bonheur de ton enfant. Rends-toi à l'évidence, Delphine l'adore, ce jeune couple est bien assorti. Éric ne veut pas d'une femme carriériste. Trop de jeunes filles cherchent à tout prix à exercer un métier, elles ont obtenu de beaux diplômes, mais ne trouvent pas chaussure à leur pied. Éric a besoin d'une compagne, d'une maîtresse de maison sur qui s'appuyer dans son nouveau rôle de futur homme d'affaires, et d'une mère présente pour ses enfants. Delphine est une femme d'intérieur qui sait cuisiner, coudre et recevoir. Elle ne dresse pas la table comme à la cantine et ne lui servira pas de surgelés ! D'ailleurs je dois te dire, ma chère Clara, que je regrette sincèrement qu'un Service familial n'existe pas pour les jeunes filles qui pourraient y apprendre cuisine, couture, bricolage, mécanique et secourisme. Femme au foyer c'est un autre métier, mais non des moindres. Que veux-tu de mieux ? »

En recevant un petit mot de Delphine, je compris que j'avais réussi à fléchir sa mère. Pourquoi les parents veulent-ils toujours voir leurs enfants suivre des voies qui ne plaisent qu'à eux ? Delphine et Éric voulaient mêler, dans la sérénité, rêves et décisions : ils savaient chacun ce qu'ils cherchaient, et l'avaient trouvé.

Lorsque, sous une pluie de riz, les jeunes

mariés sont sortis, fous de bonheur, de la ravissante petite église de Moulis, il m'a semblé que les cloches sonnaient plus fort que d'habitude... Plus tard, dans la maison qui accueillait les invités au milieu des vignobles, la délicatesse du décor, le raffinement de la table et la perfection des bouquets disposés par Delphine m'ont confortée dans l'idée que ce premier amour, construit sur des bases solides, était fait pour durer.

L'ÉTÉ, PÉRIODE DE LA PLÉNITUDE

Vous passez de l'état de jeune fille à celui de jeune femme, et souvent de jeune mère...

Tout vous est permis ! Tout est merveilleux !

Les dix affirmations de Nadine...

- Vêtements de fillette au placard rangeras.
- Nouvelle coiffure travailleras et tes nattes couperas.
- Plus de sport feras, plus de rigueur exigeras.
- De ta mère te souviendras quand tes défauts observeras.
- Très tôt à l'antirides penseras, même si besoin plus tard viendra.
- Les hommes mariés, divorcés oublieras, célibataires choisiras.
- En amour comme au rugby, attaqueras et plaqueras.
- La théorie étudieras car pratique en amour n'a pas !

- Pour tes enfants, n'oublie pas, exemple toujours seras.
- Jeune fille modèle apparemment resteras pour mieux jouer ce que voudras !

Paris, Londres, Barcelone : j'avais conclu un pacte avec moi-même : je serai célèbre

À partir de 1955, j'allais bâtir ma vie sentimentale et professionnelle de manière à évincer les obstacles, quelles que soient les circonstances. À la suite de mon expérience américaine, ma première rencontre heureuse à Paris fut celle d'Eddie Constantine. Vedette du moment, après la création du personnage de Lemmy Caution dans une série de films tels que *La Môme Vert-de-Gris* ou *Les Femmes s'en balancent*, Eddie affichait un charme yankee revu pour les caves de Saint-Germain-des-Prés (sans raison d'ailleurs, car il était issu d'une famille juive d'émigrés russes). Dans ses rôles, il savait faire tinter les glaçons de son verre de whisky en regardant la caméra d'une manière particulière qui faisait s'évanouir d'extase les jeunes filles... Ce grand « tombeur », qui charmait les Françaises par un accent américain à couper au couteau, qui avait eu au cinéma, dans son lit, les plus belles stars de l'époque malgré un physique non conventionnel pour un jeune premier, était l'homme le plus exquis du monde et un père de famille accompli. Il s'adonnait facilement aux travaux ménagers et adorait faire la cuisine pour ses enfants et sa femme, une ravissante danseuse. Contrairement aux apparences, il ne buvait que de l'eau....

Lorsque je l'ai rencontré, il était chargé par un producteur de faire une sélection de jeunes comédiennes françaises parlant anglais, susceptibles d'aller travailler en Grande-Bretagne. C'est ainsi que j'ai été engagée pour le film *Girls at sea*, comédie musicale qui était censée se passer sur un superbe yacht. Les extérieurs étaient tournés à Malibu et à Hawaï : que de rêves en perspective ! Déjà, à cette époque, les producteurs de cinéma utilisaient les plages chaudes et tourmentées de l'île pour ce feuilleton policier n'ayant pas pris une ride et toujours d'actualité, *Hawaï, police d'État*, dans lequel Jack Lord était le célèbre inspecteur Mac Garrett. Les starlettes avaient été choisies parmi les comédiennes les plus sexy, et j'avais été celle qui, auprès des journalistes d'outre-Manche, avait acquis la réputation du « sourire le plus mutin du cinéma français ».

Le film allait être pour moi un nouveau départ pour l'Amérique.

Parenthèse à propos de Malibu : je ne savais pas que quelques années plus tard j'y posséderais une maison, et que je ferais mon marché avec les stars de *Dallas* et *Dynasty*, ainsi qu'avec la ravissante Ali McGraw, vedette de *Love Story*, que je retrouvais régulièrement au petit marché entre brocolis et potirons. En 1994, hélas ! la maison a brûlé dans le tristement célèbre incendie qui a dévasté ce quartier de Los Angeles. Sauve qui peut ! Toutes les stars à la mer...

Durant le tournage de *Girls at sea* en Angleterre, je croisai aux studios deux acteurs mythes : tout d'abord l'éternel jeune premier Cary Grant. Il gardait de son récent succès dans *La Main au collet* une allure désinvolte, mystérieuse et inaccessible qui le rendait terriblement séduisant. À l'écran comme à la ville, il affichait cette attitude secrète que je croyais réservée aux grandes beautés féminines. Malgré sa nationalité américaine, un réel flegme anglais trahissait ses orgines. Il avait comme partenaire Sophia Loren, qui venait de se faire voler tous ses bijoux dans son hôtel. Le seul commentaire de Cary Grant fut : « Oh ! elle les avait déjà tellement portés... » Cette réflexion, qui m'avait suffoquée, me faisait toucher du doigt ce que pouvait être le monde fantasque et capricieux des stars.

L'autre mythe rencontré était la capiteuse Diana Dors, au moment où elle s'imposait en tant que sex-symbol du cinéma anglais : à une époque où la silicone, le collagène et le gonflage artificiel n'existaient pas, son invraisemblable poitrine était vraiment spectaculaire ! Les machinistes la surnommaient « Miss Pare-Chocs » (« The Bumper Girl »). Diana portait, dès 9 heures du matin, des robes terriblement excentriques, collantes, fluorescentes, en paillettes rose shocking, et affichait un sourire radieux et une blondeur platine dont on pensait que Marilyn avait l'exclusivité...

Après le film, je séjournai deux ans en Angleterre, et, sociable comme je suis, je m'y fis rapidement de nombreux camarades dans le monde des comédiens. Ceux que je côtoyais avaient épousé des femmes fraîches et naturelles, passionnées de cuisine et de jardinage, plutôt que de tapageuses actrices ou des mannequins à la mode. C'est grâce à elles, Cynthia, Rose et Liz, que j'ai appris à aimer les poétiques jardins, et à connaître le nom des plantes dont elles surveillaient l'épanouissement avec une conviction qui faisait plaisir à voir. Les hasards de la vie, une fois de plus, m'amenèrent à visiter un parc qui m'a fait longtemps rêver : celui du manoir d'Exbury, situé près de Southampton, au bord de la mer où nous allions parfois nous baigner. Nous venions admirer les exceptionnelles variétés de rhododendrons, azalées et magnolias qui faisaient sa réputation.

J'ignorais alors que cette propriété, dont je contemplais, de loin, la façade à l'italienne flanquée d'admirables colonnes ioniques, était une demeure Rothschild, et que je connaîtrais son propriétaire en tant que membre de la branche anglaise de la famille de mon mari...

Ces jeunes femmes avec qui je passais mes week-ends m'ont également initiée à la coutume du thé « à l'anglaise », comme on a l'habitude de dire, non sans erreur, en oubliant que cette boisson bénie des dieux fit son apparition en France en 1635, bien avant l'Angleterre. On a prêté au thé bien des mérites et, avant d'être une boisson, il était reconnu pour ses qualités médicinales : les Chinois l'employaient pour rafraîchir, clarifier le sang, et contre les rhumatismes ; il était supposé purifier le foie et aider à la digestion ; il pouvait aussi rendre de bonne humeur et renforcer la mémoire. On célébrait ses vertus amincissantes, et les jeunes filles atteintes de verrues en faisaient une pâte qu'elles s'appliquaient avec conviction. Le cardinal Mazarin s'en servait, disait-il, pour soigner sa goutte, tandis que certains de ses proches pensaient plutôt que la décoction de ces feuilles parfumées renforçait discrètement sa virilité...

Un Britannique digne de ce nom boit son thé, à heure fixe, six fois par jour. J'ai personnellement une certaine tendresse pour le « early morning tea » corsé, que l'on déguste à petites lampées, au saut du lit. Puis l'on va s'attabler devant une assiette de haddock bouilli (ça, j'aime moins) et de toasts à la confiture d'orange... arrosés d'une ou deux tasses de « breakfast tea », *of course.* Il y a ensuite, dans toutes les administrations, comme au studio ou à l'atelier, la pause de 10 heures, avec la tasse fumante servie sur un chariot roulant. Les Anglais poussent le vice jusqu'à boire du thé pendant le léger « lunch » de midi, avec ces tranches de pain de mie frais, fourrées de cresson ou de poulet, astucieusement inventées au XVIIIe siècle par Lord Sandwich. À 5 heures, l'institution du « five o'clock tea » est toujours prétexte à déguster gâteaux, scones, muffins et friandises. C'était, au studio, quelle que soit l'étape des prises de vues, le signal d'arrêt général, que rien n'aurait pu détourner... Le « high tea », enfin, est celui qui rassemble, au soir, la famille autour de viandes froides, d'œufs au bacon et de salades...

Il y a, selon moi, une grande similitude entre la tradition des « tea tasters », observée dans les jardins de Ceylan, et celle des goûteurs de vin travaillant dans nos chais bordelais : dans les deux cas, l'expert n'avale jamais le breuvage goûté ; après l'avoir humé et s'en être rincé la bouche, il le recrache. On remarquera également que l'ensoleillement des jardins est aussi important que celui de nos coteaux, et que l'on compte les bonnes années du thé tout comme celles du vin.

Thé, mode d'emploi

Le « goût » d'un thé est d'abord un choix personnel indiscutable : certaines personnes l'aiment de Chine, d'autres de Ceylan, les troisièmes préfèrent « la rosée précieuse », cette variété japonaise au parfum suave. Quelques-unes le voudraient corsé comme le café, d'autres choisissent le lapsang souchong fumé ; d'autres encore ne jurent que par « le thé vert » ou par l'aromatisé, qui, de nos jours, peut prendre des formes insoupçonnées. Les modes aidant, il peut être, hélas, à la pomme, à la myrtille, à la framboise...

La qualité de l'eau utilisée pour la fabrication du thé est un agent important de sa réussite : celle-ci doit être pure, de préférence minérale, neutre et sans goût. Elle ne doit jamais bouillir, mais être versée frémissante sur les feuilles délicates, après que vous en avez réchauffé la théière. Pour doser la quantité de thé à infuser, munissez-vous d'une petite cuillère et répétez à haute voix la vieille formule anglaise « one for you, one for me and one for the tea-pot », toujours d'actualité...

La théière est également un élément à ne pas négliger : certains thés préfèrent un récipient en porcelaine, en fonte ou en faïence ; d'autres se plairont mieux dans la terre cuite, dans l'argent ou même l'étain. Et puis, goûteriez-vous un bon bordeaux dans un verre à moutarde ? Sûrement pas ! Vous trouverez votre boisson bien meilleure si elle est prise dans une de ces fines tasses que produisent avec talent les manufactures britanniques... Savez-vous que c'est à la délicatesse et à la transparence des tasses de Chine que l'on doit la coutume d'y verser, avant l'infusion, un nuage de lait froid ? C'était afin d'éviter le craquèlement, sous la chaleur, de la fragile porcelaine...

Voici quelques petites recettes personnelles à base de thé qui, pour une fois, ne se boivent pas.

Si vous vous sentez le visage bouffi et les paupières gonflées après vous êtes couchée trop tard, préparez, au réveil, une légère infusion de thé noir, et faites-en des compresses que vous poserez dix minutes, tièdes, sur vos pauvres yeux fermés : vos paupières vont dégonfler, et vos yeux retrouveront leur brillant.

Je ne vous le dirai jamais assez : attention au soleil ! Si d'aventure vous vous étiez laissé surprendre par votre faux ami, préparez une décoction de thé (broken orange pekoe fannings, par exemple). Mettez-le à glacer, et utilisez-le en cataplasme sur votre peau agressée.

Mais pour continuer, sans danger, l'effet du bronzage, faites une infusion de thé bien fort, dans laquelle vous tremperez un gros morceau de coton que vous passerez sur la partie de votre corps avec laquelle vous voulez faire illusion.

Un infaillible remède antigrippe est d'ajouter à votre thé du matin : un demi-citron pressé, trois clous de girofle, une pincée de cannelle et une cuillerée à café de miel.

Détourner les produits

En Angleterre aussi, j'ai appris à utiliser dans ma salle de bains un produit, découvert il y a dix mille ans, que je pensais réservé à la cuisine : le vinaigre. Celui avec lequel les Chinois soignent bien des maux est obtenu par la fermentation de céréales, mais celui que nous utilisons pour notre beauté et notre santé est concocté à base de vin ou de cidre.

Voici une recette très « british » que je confectionne moi-même lorsque je suis dans la roseraie de Château Clarke, le vinaigre de rose (lotion pour la peau) : on cueille toujours les roses tôt le matin, lorque la fraîcheur de la nuit préserve encore leur parfum, mais *jamais* lorsqu'elles sont mouillées par la pluie ! En récolter une vingtaine, des plus odorantes (roses anciennes, roses de Provins ou de Grasse, favorites des parfumeurs). N'en garder que les pétales, que vous disposerez dans un pot de verre. Arroser d'un bon vinaigre de ménage, couvrir, et laisser macérer, si possible au soleil, pendant trois semaines. Filtrer, et utiliser en lotion.

N'oubliez pas la bonne vieille formule pour obtenir des cheveux faciles à démêler : après les avoir lavés, ajoutez un peu de vinaigre à la dernière eau de rinçage.

Contre les piqûres de moustique ou d'araignée, un remède efficace : le vinaigre ! Il enlève aussi les taches de fruits sur les doigts.

Et si, comme dit le proverbe, vous « buvez du vinaigre », vous pouvez imiter les jeunes fiancées de la Chine impériale : en plongeant dans un bol de vinaigre, jusqu'à ce qu'il fume, un morceau de fer chauffé à blanc, faites le tour de votre palanquin et entrez dans votre nouvelle demeure : par ce geste, vous éloignerez la jalousie de votre future vie conjugale...

Castagnettes et corridas : « Olé ! »

Après l'Angleterre, c'est en Espagne que j'allais tourner et, pendant un mois, découvrir Barcelone. C'était l'époque où les stars internationales, lassées des exigences hollywoodiennes, n'avaient envie que de piment et de soleil. Rebutées par les ambiances aseptisées de l'Amérique, elles venaient se ressourcer dans des pays qu'elles pressentaient plus chaleureux.

La première à s'expatrier, en décembre 1955,

fut Ava Gardner. À quelques kilomètres du centre de Madrid, elle avait acheté un simple ranch baptisé « La Bruja » (La Sorcière), ainsi nommé à cause de la girouette avec balai et chapeau pointu qui trônait sur le toit. La vue sur une paisible montagne l'avait séduite, et lui donnait un sentiment de liberté et d'espace, inimaginable dans les villas construites comme un décor de carton-pâte à Bel-Air, dans lesquelles les stars se recevaient (et épiaient leurs vies intimes) d'un jardin à l'autre. De sa naissance dans un milieu rustique (avant de poursuivre des études pour être sténodactylo, Ava gagnait son argent de poche en travaillant dans les champs de tabac de Caroline du Nord), elle avait gardé un goût profond pour la nature, ce qui n'empêchait pas « le plus bel animal du monde » d'aimer la vie nocturne et les danses gitanes.

Quelques années auparavant, en venant tourner *Pandora* à Tossa de Mar, elle avait déjà succombé aux charmes de l'Espagne, à ses fêtes qui duraient jour et nuit, aux sons du flamenco, au spectacle des courses de toros. Mais, là, c'était plus sérieux, et la fougueuse « comtesse aux pieds nus » mettait en pratique cette philosophie qui bouleversait l'organisation des studios : « Quand je suis amoureuse ou que je vis une aventure, je cesse de travailler. » En pleine perdition sentimentale, elle venait de rencontrer son double, un beau matador, Miguel Dominguin, et elle l'avait suivi dans sa manière de vivre et d'aimer, à l'extrême. Grisée par son escapade espagnole, elle avait oublié son contrat avec la MGM et les leçons de Howard Hugues.

Pendant une vingtaine d'années placées sous le signe des orages et de l'amitié, Ava avait suivi le chemin tracé par Howard, sachant que ce bâtisseur de stars marquerait le tournant de son destin. Le milliardaire texan, qui fut l'un des hommes les plus beaux et les plus riches du monde, producteur de pétrole avant de l'être de films, était également propriétaire, entre autres, de la TWA (Trans World Airlines), et de la RKO (Radio Keith Orpheum), l'un des cinq « majors » studios américains. Constructeur d'avions, pilote émérite, battant lui-même plusieurs records, il s'était, durant sa vie, passionné pour quatre choses : l'argent, l'aviation, le cinéma et les actrices aux formes plantureuses. Coléreux, lunatique et capricieux, Howard Hugues ne supportait pas l'idée de l'échec auprès d'une femme, et d'ailleurs il en essuyait assez rarement. Ava l'écoutait et le respectait, mais il avait à ses yeux un défaut insupportable : il était amoureux d'elle. Avec Ava, il déploya tout le charme dont il était capable, ce qu'il traduisait maladroitement par des étalages de limousines, de bijoux somptueux livrés à chaque heure de la journée, d'avions privés mis à sa disposition, de listes de couturiers chez qui elle avait compte ouvert, jusqu'aux propositions de mariage... renouvelées chaque fois qu'elle divorçait. Mais Ava était au moins aussi têtue que lui, et, pour elle, l'amour était comme la musique, une succession de sensations. La vedette avait tour à tour préféré le charme de Mickey Rooney malgré son mètre soixante, celui d'Artie Shaw et de sa clarinette magique, avant d'épouser enfin le roi des crooners, Frank Sinatra. C'est probablement la raison pour laquelle Ava et Howard sont restés amis si longtemps : elle lui avait tenu tête....

Ce voyage qu'elle fit en Espagne ne fut pas le plus salutaire de sa vie, et, lorsque je la rencontrai, elle me conforta dans l'idée que certaines femmes ne sont pas faites pour voler de leurs propres ailes : sans leur mentor, les idoles les plus reconnues peuvent partir très vite à la dérive... Le style peut s'acquérir, mais pas le bon sens. Ava s'était fracassée sur un mirage.

C'est également en Espagne que s'était installée Annabella, après avoir divorcé successivement de deux superstars : Jean Murat pour la France et Tyrone Power pour les États-Unis. De notre rencontre, je garde le souvenir d'une femme sublime de beauté, timide et poétique, acceptant avec simplicité ses premiers cheveux gris. Des metteurs en scène comme René Clair dans *14 Juillet*, Anatole Litvak dans *L'Équipage* ou Hathaway avaient utilisé, lorsqu'elle était leur interprète, ses grands yeux étonnés. Au cinéma, les costumes conçus pour Annabella par Jean Patou ou René Hubert mettaient en valeur son instinctive élégance. À la ville, elle aimait plus que tout le confort et le style décontracté. Chez elle, la Parisienne, coqueluche de Hollywood, que tous les couturiers rêvaient d'habiller, ne portait que des djellabas qu'elle cousait elle-même sur sa machine Singer à pédale...

Voulez-vous copier le « patron » d'une de ces agréables robes d'intérieur ? C'est très facile à réaliser : comptez deux hauteurs de tissu de trois mètres chacune, ou un peu plus selon votre taille. Pliez en deux dans le sens de la largeur en laissant une ouverture pour la tête. Assemblez devant et derrière à l'aide d'une couture, par le milieu. Laissez une ouverture sur le devant pour voir les jambes, jusqu'à la hauteur des genoux (même un peu plus haut, si vous vous sentez d'humeur coquine !). Laissez également une ouverture pour les bras. Accrochez le tout sur deux bonnes épaulettes.

Et puis à vos machines, mesdames !

Mon expérience des studios espagnols fut sympathique, mais de courte durée : mon partenaire était un beau ténébreux du nom de Vicente Para, qui ne parlait pas un mot de français. Il avait heureusement des yeux qui s'exprimaient pour lui, car je n'entendais rien à l'espagnol, ce qui accentuait nettement, à l'écran, l'intensité de nos échanges sentimentaux et brûlants... Je fus, durant ce voyage, heureusement surprise par la qualité des hommes ibériques : je les trouvais courtois, attentifs, instinctivement charmeurs, empreints d'une virilité naturelle qui excluait tout machisme, et j'apprenais qu'ils savaient aussi jouer le mystère : tous les matins, dans ma loge, je trouvais soit une fleur, soit un parfum, un petit recueil de poèmes dont je ne comprenais pas un mot (mais que j'hésitais à me faire traduire, voulant en ignorer le sens et la provenance). Pas un seul instant, je ne doutais de l'impact de mon charme sur le jeune premier, mon délicieux partenaire. Mais j'admirais la discrète réserve qu'il savait conserver à la fin de nos scènes d'amour. Le tournage terminé, au moment de reprendre l'avion, un feu d'artifice final vint balayer mes divagations : un tout petit écrin enfoui dans un grand paquet cachait un ravissant bijou, accompagné d'une carte me révélant que j'étais convoitée par... le producteur du film ! Quoi que je puisse faire, j'étais déjà prédestinée à tout ce qui brille, et qui ne peut être que d'or. Cet homme, par ailleurs timide en privé et « grande gueule » sur le plateau, me demandait une photo glamoureuse... Je lui fis un agrandissement d'un document où, posée, à l'âge de huit mois, sur une couverture de fourrure devant l'œil du photographe, j'affichais un sourire béat ! Je n'ai plus eu, après ce brillant incident, de propositions de tournage en Espagne...

Olé !

J'installe mon premier « nid »

Après ces années de vie de saltimbanque, j'avais envie d'avoir mon premier « chez-moi ». Mes voyages et les jolies maisons dans lesquelles j'avais séjourné avaient fait évoluer mes goûts, et j'aspirais à un confort que mes contrats successifs me permettaient d'acquérir. Je me mis en quête d'un appartement, et choisis le très classique quartier du parc Monceau. Il était le symbole d'une certaine bourgeoisie – peut-être un peu ennuyeuse – mais indispensable à mon besoin de poser mes valises.

Dans l'élégante boutique d'Andrée Higgins, célèbre antiquaire de la rue de l'Université, je retrouvai cette atmosphère anglaise qui m'avait tant séduite. Chez elle, sous son influence, j'ai acheté ma première « commode de bateau » en acajou clair : ce meuble fétiche, qui trône encore dans la chambre de ma maison de Quiberon, continuait à me faire voyager... Andrée Higgins était intarissable sur le charme du décor victorien, particulièrement celui de Osborne House, conçu pour la reine Victoria par le prince Albert, collectionneur et grand amateur. La liste des objets, porcelaines, délicats petits bronzes, photographies, draperies et passementeries dont la reine aimait s'entourer, me fascinait. J'aimais la poésie avec laquelle Andrée Higgins me racontait un décor, tout en m'apprenant à distinguer le beau du faux. « Un bel objet vaut mieux que deux médiocres », disait-elle, me conseillant sur l'importance de savoir créer une atmosphère qui me ressemblerait, en optant pour la qualité plutôt que pour la quantité.

Mon grand fantasme, après avoir vu *Autant en emporte le vent*, était celui du lit à baldaquin. Lorsque l'antiquaire en trouva un pour moi, je me précipitai au Marché Saint-Pierre acheter un métrage de chintz, afin de le draper avec harmonie.

À partir de ce moment-là, je préparai le « nid » susceptible d'accueillir l'homme de ma vie, tout en faisant l'apprentissage de l'organisation de mon premier appartement : la qualité d'un univers ne se mesurant pas aux mètres carrés de l'habitation, je voulais ma maison chaleureuse, bien que de dimensions modestes.

Votre décor est le reflet le plus intime de votre personnalité, et celui de votre équilibre : il faut savoir devancer les réflexions de l'homme qui ouvrira la porte de ce nid. Que va-t-il y trouver ? Laisser-aller, ou raffinement ? Désordre, ou judicieux rangement ? Évidente convivialité, ou maison sèche, qui dénoncerait une femme égoïste et revêche ? On n'attire pas un homme dans un cadre insipide...

Mon décor planté, je songeai à la cuisine.

Gourmande comme je suis, il m'était facile d'organiser ce que j'appelais « le placard de l'invité », afin de n'être jamais prise au dépourvu : la jeune femme célibataire doit avoir une maison toujours ouverte à ses amis, c'est aussi le signe de sa générosité. Avec un peu d'imagination, on sait toujours improviser un repas délicieux en un clin d'œil, si l'on a de vrais œufs de ferme, une botte de fines herbes, des spaghettis et une sauce bien accommodée, des sardines, une très bonne huile d'olive, des fruits au sirop, et l'indispensable bouteille de bordeaux ! Votre festin n'en sera que meilleur si vous proposez du pain croustillant et un fromage à point, servis sur une table joliment dressée. Un must : n'oubliez jamais les bougies, et ayez-en toujours une boîte d'avance !

Votre culture, vos goûts et votre caractère se révéleront à votre éventuel soupirant dans votre bibliothèque et dans votre discothèque. Investissez dans ce qui peut lui plaire... et surtout le dérouter !

Premières acquisitions : un dictionnaire complet, le *Quid* et *L'Encyclo* (ils vous apprendront que *Le Rose et le Vert* c'est *aussi* autre chose que les couleurs tendance de l'année).

Commençons en attaquant en douceur : auprès des œuvres complètes de Colette, Balzac (en vedette, *Le Lys dans la vallée*), George Sand, Marcel Proust, etc., distinguez-vous par quelques ouvrages des deux Marguerite : Duras

(*Le Marin de Gibraltar* ou *L'Amante anglaise*), Yourcenar (*Les Mémoires d'Hadrien* et *L'Œuvre au noir*) ; Françoise Giroud (*Une femme honorable*) ; Nina Berberova (*L'Accompagnatrice* ou la courte biographie de Borodine) ; l'incontournable *Belle du Seigneur* d'Albert Cohen. Ajoutez-y le prix Goncourt d'Edmonde Charles-Roux : *Oublier Palerme*. Vous n'êtes pas obligée d'avoir lu *Les Mémoires d'outre-tombe* de Chateaubriand : il vous suffit de posséder l'ouvrage, tout comme *Les Aventures de la liberté* de Bernard-Henri Lévy (dur ! dur !). La production du Brésilien Jorge Amado est un bonheur que vous n'aurez point à dissimuler (*Bahia de tous les saints* ou *Capitaines des sables*), tout comme celle de sa femme, Zélia Gattaï (*Jardin d'hiver, La Reine du bal*). Quelques « Pléiade » font également toujours bon effet : les œuvres complètes de Malraux ou celles d'Oscar Wilde, par exemple.

Avouez aussi votre romantisme avec quelques jolis livres d'amour, et connaissez par cœur une fable de La Fontaine, un poème de Prévert et un autre de Baudelaire... Affichez votre éclectisme : auprès des *National Geographics* que vous aurez trouvés chez un brocanteur, empilez vos abonnements à *Elle Décoration* et *Côté Sud*. N'oubliez pas l'incontournable *Le Bonheur de séduire, l'art de réussir* de Nadine de Rothschild, qui vous évitera de tomber dans les embûches du savoir-vivre ! Vous ne pourrez échapper à Freud, le père de la psychanalyse.

Optez, par exemple, pour *Trois essais sur la théorie de la sexualité*, écrit en 1905 : cela peut vous donner une base de conversation. Si le sujet vous passionne, dérivez sur son plus proche et premier disciple : Carl Jung, et les *Métamorphoses et symboles de la libido* (1912). Là, vous en aurez au moins pour le week-end... Si vous voulez l'assurer de votre science amoureuse, ayez le *Kämasütra* bien en vue dans votre bibliothèque (en vous assurant que votre exemplaire est celui traduit du sanscrit). J'aurais aimé ajouter *Le Sexe pour les nuls*, ouvrage de ma grande amie le docteur Ruth K. Weistheimer, célèbre sexologue américaine, mais celui-là, en revanche, cachez-le sous votre lit.

Dans la cuisine, le grand classique de Françoise Bernard et *Le Grand Livre du vin* par Hugh Johnson me semblent indispensables.

Même (et surtout) si vous avez des projets secrets avec le monsieur en question, ne laissez pas tout de suite traîner *Oui Magazine* ni *Parents*...

Rayon magnétoscope, commencez votre collection avec la série complète « Cinémathèque » des films en noir et blanc édités par René Chateau (et n'oubliez surtout pas d'enlever les enveloppes de plastique !). Ayez quelques Louis de Funès, *L'Ange bleu*, un ou deux Schwarzy (*Terminator*, par exemple). Un seul Fassbinder suffira : *Le Mariage de Maria Braun* fera l'affaire. En revanche, bien que les westerns aient totalement disparu des salles de cinéma, tous les hommes, et sûrement votre cavalier, les trouvent indémodables : investissez, sans regret, dans *Rio Bravo* de Howard Hawks, *L'Homme qui tua Liberty Valance* de John Ford, ou *Le Vent de la plaine* de John Huston. Du même metteur en scène, succès assuré avec *Les Misfits*, bonne occasion de revoir Marilyn Monroe, entourée de Montgomery Clift et Clark Gable.

Côté disques laser, rassurez votre jeune homme avec *Les Quatre Saisons* de Vivaldi en vedette, ainsi que la Callas dans ses meilleures interprétations : *La Tosca* ou *Madame Butterfly*, lorsque la diva est dirigée par Herbert von Karajan, et *Casse-Noisette* de Tchaïkovski, toujours bien dans le décor, tout comme quelques *Préludes* de Chopin. Si vous voulez, vous pouvez tenter les *Quatre petites pièces en forme de poires* d'Erik Satie, mais, de toutes les manières, prévoyez une fiche d'identité des musiciens : cela vous évitera de proposer à votre futur d'inviter Gustav Mahler à dîner...

Dernier atout à sortir de votre manche : ayez l'art de faire rebondir la conversation, cela entre aussi dans vos devoirs de maîtresse de maison toute neuve ! Pour des raisons d'ordre familial ou de convenance, vous ne recevrez pas que des gens qui vous amusent et vous intéressent : c'est néanmoins votre rôle de mener le débat, en modérant les bavards et encourageant les timides. Attention aux sujets tabous (politique, religion...) ; utilisez l'actualité si vous sentez un léger rafraîchissement de l'atmosphère : le spectacle, les voyages, la mode, les « hobbies » de vos invités vous aideront.

Lorsque vous donnez un dîner, fût-il intime, soignez également votre féminité, en vous enroulant, par exemple, dans un sari, cet indémodable vêtement des femmes indiennes. Ceci m'a paru évident du jour où j'ai fait la connaissance de la maharani de Baroda. Je ne voudrais pas employer à tout moment des superlatifs, mais la maharani de Baroda était tout simplement la femme la plus sophistiquée qu'il m'ait été donné de rencontrer durant tous ces voyages au cours desquels j'ai vu tant de beautés célèbres. Une femme comme elle demeure dans mon souvenir comme un parfum d'exotisme et de charme, à mes yeux, sans égal. Son mystère faisait d'elle un pôle d'attraction partout où elle se trouvait. J'étais fascinée par son élégance, et je garde un souvenir particulier d'un dîner à Singapour donné pour son anniversaire, sous le signe de la somptuosité. Rarement princesse fut plus attendue qu'elle, et aujourd'hui encore je me remémore le silence admiratif qui accueillit son entrée : vêtue d'un sari rose tissé d'or, elle n'arborait aucun bijou traditionnel. Curieusement indifférente à l'impression provoquée par sa présence, elle jouait – pour elle seule – la simplicité : célèbre pour sa folie des émeraudes, des rubis et des perles, sa fabuleuse collection se composait de quelque trois cents parures. La maharani n'arborait, ce soir-là, qu'un seul rang d'énormes perles dont la pureté mettait en valeur sa rayonnante beauté. La princesse avait une passion immodérée pour les chevaux de course, les tables de casino et les beaux garçons... Elle eut de nombreux adorateurs et une vie amoureuse plus que comblée.

Plus tard, lorsqu'elle rencontra des difficultés, le célèbre collier disparut des petits tiroirs du cabinet dans lequel elle conservait ses perles de toutes les nuances possibles et imaginables : il doit maintenant reposer dans la cassette d'une femme ou d'un homme d'un pays lointain, car je ne l'ai plus jamais vu porté par quiconque.

Grâce à la maharani, je possède plusieurs métrages de ces soies ou cotons dont sont faits les saris, et je ne m'en lasse jamais : c'est une des plus jolies tenues d'intérieur que je connaisse. Les hommes sont toujours subjugués par les femmes qui portent cet élégant vêtement, que l'on ne peut se permettre, hors de chez soi, si l'on n'est pas originaire de ce pays. Les plus beaux saris sont fabriqués à Armé da Baye, en Inde du Sud, où se trouve d'ailleurs un magnifique musée consacré à ces précieux tissus. J'aime assortir aux décors dans lesquels je reçois ces étoffes chamarrées... L'art de les draper est si compliqué que je renonce à vous l'enseigner, mais toutes les maisons vendant des saris vous l'indiqueront. Il faut avoir du doigté pour s'en sortir, et envie d'épater la galerie ! Vous n'y arriverez peut-être pas du premier coup : soyez patiente et obstinée, vous serez enchantée du résultat !

Petit truc : lorsque je m'habille de cette manière, j'utilise comme rouge à lèvres la pâte à Bindi dont les femmes hindoues se servent pour dessiner leur point rouge sur le front. (Vous pourrez en trouver à Paris, passage Brady.)

Pour votre avenir amoureux, tous ces investissements sont des valeurs sûres, bien plus que l'aspirateur ou le mixer !

Dans les années cinquante, mettre en valeur cette fameuse féminité était une évidence pour les jeunes femmes : la vogue des pataugas, des vêtements grunge et destroy n'avait pas encore sévi, et nous rêvions toutes de ressembler aux mannequins Bettina, Sophie, Louise, Fabienne ou Praline, connues par leur seul prénom, mais vedettes aussi célèbres que les couturiers dont elles présentaient la mode. Nous ne savions pas à quel point le maquillage impeccable, les cheveux parfaitement coiffés, les jambes sans fin déambulant sur de hauts talons exigeaient de ces beautés une existence spartiate. Chez Christian Dior, par exemple, la discipline était quasi militaire, et les journées, orchestrées selon un rite immuable, commençaient, pour ses « jeunes filles » (ainsi que le maître appelait les mannequins), à 10 heures du matin... mais en sachant rarement à quelle heure elles se termineraient. Habillées de laine en plein mois d'août et de tenues de plage en décembre, il fallait assumer, plusieurs heures sans bouger, les essayages que Dior dirigeait au moyen d'une badine à pommeau d'or, présenter chaque jour de la semaine à 3 heures la collection au salon, puis être disponible pour les clientes particulières qui voulaient revoir un modèle, à n'importe quelle heure. À cette époque, les riches Brésiliennes étaient redoutées de tous les mannequins, car elles confondaient facilement le jour avec la nuit...

Être toujours souriante, adroite pour « enlever » un vêtement, n'accuser aucun signe de fatigue, ne jamais prendre de poids, mais subir une « amende » si l'on abîmait ou perdait un colifichet, tel était le lot du mannequin, dont le métier n'était pas de tout repos ! C'est encore aujourd'hui un métier difficile, mais les salaires de ces nouvelles idoles ne sont pas comparables ! Bien que cela m'eût tentée, je n'étais pas assez grande pour l'exercer, et je dus attendre d'être mariée pour avoir la merveilleuse sensation de voir naître sur moi une robe convoitée par toutes les femmes.

« La véritable élégance ? constate mon amie Louise qui a gardé de ses années Dior une silhouette et une démarche harmonieuses, elle n'est pas d'ordre matériel mais spirituel : on crée souvent la mode soi-même. » Et comme le disait si bien Jacques Fath : « Je vends la robe toute nette, mais je ne vends pas la taille avec ! »

Mon décor installé, j'apprends à conduire

Il me fallait passer mon permis de conduire, et, pour aller plus loin dans mon souci d'indépendance, je rêvais d'une petite voiture grâce à laquelle je pourrais de temps en temps m'échapper de la capitale. Je la voulais solide et peu chère...

À l'école de conduite où je m'étais inscrite, je fis un bond en arrière lorsque j'aperçus le « monstre » que j'allais devoir piloter : comme au cinéma, une massive Citroën noire traction avant.

Quarante-huit leçons de conduite... les peu douées n'en avaient besoin, paraît-il, que de vingt-quatre ! mais, toujours prudente, j'avais voulu assurer. Comme au cinéma, la Citroën partit non pas avec le décor, mais dans le décor !

En élève déterminée, j'avais appris mon code par cœur, et tâchais de passionner mon examinateur par ma connaissance approfondie du sens unique, du sens interdit et du sens giratoire : j'obtins mon permis de conduire. Cet objet rassurant plié dans mon sac à main ne m'empêcha pas, une fois dans ma vie, de faire de l'auto-stop. Devinez qui s'arrêta ? La Môme Moineau, en personne !

La Môme Moineau était une des reines de Paris au destin si fantasque qu'il mérite de vous être conté : vingt ans plus tôt, le grand couturier Paul Poiret, au volant de sa torpédo Hispano, passa un jour devant le Fouquet's. À la terrasse du fameux restaurant, il stoppa net devant une exquise petite bouquetière vendant des violettes. Il acheta tout le panier, lui proposa de l'emmener à la campagne, à une chasse en Sologne, et lui expliqua que le thème du week-end proposé par ses hôtes était d'apporter « quelque chose d'imprévu et d'amusant ». Une demi-heure après, les deux nouveaux amis étaient sur la route. Joyeuse et réchauffée, la jeune fille entonna l'une de ses chansons favorites :

Ah ! qu'il est beau, mon Léon,
Quand il joue de l'accordéon...

Surpris par sa voix magnifique, Poiret lui demanda son nom : « On m'appelle la Môme Moineau, répondit-elle simplement, car je connais les chants de tous les oiseaux de Paris... »

L'arrivée au château de X... réunissait des invités se disputant pour « la meilleure idée » :

celui-ci avait prévu un feu d'artifice, celui-là avait déniché deux magnums de Château Chevalier 1921, le troisième avait apporté un pâté de canard de La Tour d'Argent... « Et vous, mon cher Poiret ? » Le couturier resta mystérieux, car il ne savait pas encore comment dévoiler sa « surprise » : il comptait demander à la jeune fille de chanter, sachant qu'elle serait pour le moins insolite dans ce cadre élégant. « L'artiste » était un peu intimidée : « Mes nippes sont moches ! constata-t-elle.

– Aucune importance, répondit gentiment Poiret. Ne fais pas de chichis, sois naturelle, et tu te rendras sympathique. »

Il ne savait pas à quel point il serait écouté... « La surprise ! La surprise ! » scandaient les invités. Pour une surprise, c'en fut une, et surtout pour Poiret : il ouvrit grand la porte, et annonça « La Môme Moineau » qui apparut... complètement nue ! Voulant participer à l'effet de « surprise », elle avait interprété, à sa manière, le sens du mot « naturel ». Avant de goûter aux faisans, Poiret eut néanmoins le temps de lui confectionner en trois minutes une robe de princesse dans un tapis de table rouge et or.

Généreuse autant qu'excentrique, la Môme Moineau fit, par la suite, un très beau mariage, collectionna maisons, voitures et yachts.

À la fin de cette escapade que nous fîmes ensemble, elle m'offrit sa casquette de capitaine, que je possède toujours.

Terrorisée par un monstre sacré

Engagée pour jouer dans une comédie musicale tirée d'une œuvre de Pierre Louÿs, *Les Chansons de Bilitis*, j'étais rentrée d'Espagne. En me rendant aux répétitions, au Théâtre de Paris, je tremblais à l'idée de faire la connaissance de sa directrice, Elvire Popesco. Elle avait déjà soixante ans à l'époque, mais son charme extrême n'était pas altéré par l'âge. De ses origines roumaines, elle avait gardé un accent mélodieux dont elle jouait avec coquetterie, le sachant inimitable. Son caractère violent qui se traduisait par de mémorables colères et une volonté de fer était mis au service de son fanatisme pour le théâtre. Oubliant pour un moment les rhumatismes qui la faisaient souffrir, elle savait comme personne vous faire « entrer le métier » dans la tête et dans le corps, avec la passion qui l'habitait, quitte à traiter de « graine de courge » les jeunes comédiennes (comme moi) qu'elle ne trouvait pas assez habitées par leur rôle... De ce monstre sacré qui fit trembler le monde du théâtre pendant un demi-siècle, je garde le souvenir d'une femme aux yeux éclatants et à la peau sublime, bien qu'elle fût trop maquillée et trop oxygénée : côté beauté, au moins, elle m'aura appris ce qu'il ne faut pas faire à l'automne de sa vie...

Côté sentimental, il y a toujours dans le fond de mon cœur une tendre pensée pour le Théâtre de Paris, car c'est là que j'ai rencontré mon futur mari : le rideau du théâtre tombait, les lustres s'éteignaient, mais les bougies s'allumaient, le champagne allait remplacer l'eau plate, et je commençais mes promenades au clair de la lune, ma main dans sa main...

Je devais revoir encore Elvire Popesco, plus tard, après mon mariage : j'avais été conviée à déjeuner avec la comtesse de Paris. Moi, si ponctuelle, j'ai, pour la première fois de ma carrière, raté mon entrée, et suis arrivée après le lever de rideau, un quart d'heure en retard. Une page de ma vie était définitivement tournée...

À Ascot, je tiens le pari

Une des premières manifestations officielles à laquelle j'ai assisté fut, en 1963, celle de la Gold Cup du Royal Ascot, présidée, comme il se doit, par la reine d'Angleterre. Quel souvenir merveilleux, cette journée, aussi fastueuse que lors de sa mise en vogue par George IV ! Je n'aurais jamais pu y aller auparavant, car les femmes célibataires n'y étaient pas admises. Aujourd'hui encore, il faut, pour assister à cet événement, faire une demande officielle à l'ambassade de France à Londres, et le Comité du

Royal Ascot décide si votre présence y est désirée.

Proche de Windsor, cet hippodrome exceptionnel, favori de la royauté et de la haute aristocratie anglaise, est un lieu de ralliement annuel pour les femmes en vue et prétexte à rivalités de toilettes. Comment allais-je m'habiller ? Venant d'entrer dans la famille, j'avais le plaisir d'occuper la loge réservée aux Rothschild, et portais pour cette superbe journée une robe de Balenciaga, blanche à pois noirs (j'ai toujours aimé les petits pois !), rehaussée d'une capeline de très fine paille blanche, garnie d'un gros-grain noir. J'eus, à ce moment-là, la sensation d'avoir ceint la couronne d'Angleterre, tout en jouant le Grand Prix d'Ascot, gagnant et placé...

La Queen Mum arborait une robe et un manteau d'alpaga verts, surmontés d'un chapeau aux bords relevés – afin qu'on puisse voir son visage de toute part –, le bouquet de fleurs de soie qui l'agrémentait lui frôlant la nuque. Je la trouvais exquise, et... royale !

Sur les pelouses se pressait une foule curieuse d'entrevoir les personnalités. Dans la loge royale se tenaient la reine mère, la reine Élisabeth, et la princesse Margaret, triste et seule, sans son grand amour, Peter Townsend. Un peu plus, je lui aurais prêté mon mari tout neuf. Comme la reine du Danemark, la jolie princesse aurait dû épouser son berger : sa vie eût été sûrement remplie de rêves et d'étoiles.

Artistes et ateliers

Invitée chez les galeristes et les peintres en vogue qui me courtisaient – adroitement et maladroitement – afin que je choisisse quelques-unes de leurs œuvres pour ma nouvelle maison, mon mari me proposa de faire faire mon portrait par Salvador Dali, mais, malgré mon amitié pour Gala, je décidai que le temps où je posais pour les peintres était révolu.

En allant visiter l'atelier du peintre Mac Avoy, je rencontrai un jeune et sympathique artiste, Jacques Darnel, dont les talentueux croquis, que je voyais dans les magazines féminins, réalisés pour la maison Christian Dior m'avaient séduite. Lui aussi voulait faire mon portrait. Ce qu'il réalisa... mais sans moi ! Et, trente ans plus tard, à ma grande surprise, je reçus le croquis qui illustre la couverture de ce livre.

Être plus belle qu'hier et bien moins que demain

« De vingt-cinq à quarante ans, il faut apprendre sans repos », disait le grand couturier Maggy Rouff. Il faut, jour après jour, savoir compenser, dissimuler, améliorer. Il faut être à la fois peintre, architecte et ensemblier : l'art du trompe-l'œil commence.

En une journée, votre vie a basculé, vous avez réussi à capturer l'homme que vous vouliez : bravo, madame, adieu, mademoiselle ! Mais attention, ce n'est pas parce que le contrat est signé qu'il faut vous laisser aller ! Avez-vous conscience que c'est une aubaine d'avoir votre âge aujourd'hui ? Il y a un siècle, ce n'est pas vous qui auriez choisi votre mari, mais votre famille, pour des questions d'intérêt et de convenances, que cela vous plaise ou non. Votre vie aurait été sans séduction ni frisson, sans passion ni confusion, peut-être sans consternation... Il y avait là un avantage : pas de marche arrière, une vie sans amour (à la maison) menait rarement au divorce, cette guerre qui ne laisse que deux perdants...

Votre critère de choix a-t-il été judicieux et lucide ? Avez-vous été sensible au côté baroque, crooner, classique, mystique, politique de celui qui a eu vos faveurs, ou aux qualités de son éternel masculin ? Quelle que soit votre préférence, il faut savoir que cet homme espérera toujours être le premier dans votre vie, de la même manière que vous voudrez toujours qu'il soit le dernier dans la vôtre...

Du jour au lendemain, tout ce qui était rêve est devenu réalité : vous devenez le possesseur de votre mari, pour le meilleur, en vous jouant du pire. Il faut non seulement savoir tenir vos engagements mais dépasser ses espérances. Mettez maintenant, au quotidien, la balle dans votre camp afin de le garder, car « son » bonheur sera « votre » bonheur. Quand vous avez dit « oui » devant monsieur le préposé au mariage, vous avez souri. Alors continuez, la vie vous sourira.

Mais savez-vous, madame, de quoi un homme est fait ? Il est fait de sentiments que vous ne découvrirez ni dans l'ordre, ni au début de votre rencontre : générosité, devoir, tendresse, soumission et exigence, passion, mensonge, orgueil, incertitude et jalousie, selon les étapes parcourues. C'est avec tout cela que vous devrez apprendre à jongler « à la scène comme à la ville », selon la formule consacrée.

En vous mariant, vous devenez en quelque sorte bigame, car vous avez dorénavant deux amours : votre mari et votre job ! Pour aller au bureau, vous vous coiffez joliment, vous portez un élégant tailleur. Soyez aussi attrayante pour l'homme de votre vie que pour votre patron : lorsque vous rentrez à la maison, ne vous mettez pas systématiquement en jeans !

Il y a plusieurs étapes dans la destinée d'une femme : l'amoureuse, l'amante, l'épouse, la mère et la compagne. Ces relations évoluent inexorablement : femme, vous connaissez la grande passion ; c'est maintenant, idéalement, que vous allez récolter ce que vous avez semé. Vous aviez rêvé votre vie ? Eh bien, vivez-la, maintenant !

Soyez une vraie femme, une femme qui a différents visages, qui propose, qui invente, qui montre le chemin, une femme qui bannit la rivalité et l'agressivité, qui ne combat pas mais apaise, qui sait rendre émouvante sa faiblesse, une femme qui est en paix avec elle-même, une femme libre et tolérante : une femme en face de laquelle un homme se sent un homme.

Petit avertissement... Ayant eu la chance de vivre dans de nombreux pays, et de côtoyer des femmes de toutes les coutumes, religions et professions, j'ai pu constater que les sentiments sont les mêmes sous tous les cieux. On pense toujours que l'herbe est plus verte chez la voisine : les moments de joie, d'angoisse ou de détresse sont les mêmes partout, et il faut apprendre à s'adapter et à relativiser. Quant aux hommes, ils se divisent, sur n'importe quel continent et dans n'importe quelle langue, en trois catégories : celui qui veut vous protéger, celui qui veut être protégé, celui qui préférerait votre frère ou votre cousin... Il y a des choses qu'il faut savoir apprendre jeune avant de décider de quelle sauce nous nous accommodons le moins mal, en gardant en mémoire l'un de mes adages favoris : avec les hommes, être dans leurs bras, à leurs pieds, jamais entre leurs mains !

Le protecteur est souvent égoïste, voire égocentrique, mais foncièrement généreux. Vous remarquerez qu'il préfère le monologue à la conversation, car il a, en fait, une vocation ratée d'enseignant : il sait tout, et veut absolument vous endoctriner sur le sujet qui l'intéresse, LUI. Il vous coupera la parole cent fois, ne vous laissant jamais finir une phrase... sauf s'il est, LUI, le sujet de votre conversation : parlez-moi de MOI, il n'y a que cela qui m'intéresse ! Vous pourrez être charmée par cet homme-là, et, il faut le reconnaître, avec lui, vous apprendrez beaucoup... Vous avez dit « Pygmalion » ? Sa meilleure récompense sera de vous façonner à l'image de son rêve, et vous ne vous en porterez éventuellement pas si mal ! Vous serez l'idéale épouse qui aura toujours posé, à portée de sa main, le coussin qui doit supporter son coude fatigué, ou la boîte de mouchoirs en papier dont il a besoin. Il n'imagine pas une seconde vous voir travailler, votre vie ne devant se consacrer qu'à lui seul, et à ce qui l'entoure (SA famille, SON métier, SES hobbies, SES enfants – qui ne deviendront subitement les vôtres que lorsqu'ils feront des choses qui ne LUI conviennent pas). En revanche, l'homme étant, une fois de plus, tout et son contraire, lorsque vous aurez une fille il la poussera dans ses études, plus loin qu'un taureau de combat, et sera le plus fier des pères si elle devient une carriériste...

Le materné est égaré sans vous, et aura besoin de vos lumières à chaque heure de la journée : il ignore ce qu'il y a dans sa penderie et, si vous ne lui préparez pas la cravate qui va avec la chemise et le costume, il est capable de partir au bureau en tenue de golf... Il est gentil et émouvant, car, sans vos soins et votre diligence, il est perdu. Avec lui, vous porterez le pantalon dans la maison : ce n'est pas forcément reposant, car vous ne pourrez compter sur lui pour rien, mais vous serez la reine de votre couple. En revanche, vu la succession vénérable que vous osez prendre, vous aurez sûrement droit à des réflexions infernales du genre : « Ce n'est pas du tout comme cela que Maman faisait la terrine de lapin », ou, si vous avez opté pour les merveilleux parfums de Serge Lutens : « Ah bon ? Tu portes autre chose que du Guerlain ? » Cet homme-là sera sûrement un peu fantasque, quelquefois insupportable (et je ne vous en parle pas dans vingt ans !) mais... attendrissant !

Un bilan peut en cacher un autre

Que vous ayez opté pour l'un ou l'autre de ces deux caractères, commencez par faire un petit bilan intérieur :

– pourquoi vous a-t-il choisie ? Pour quels critères ?

– savez-vous ce qu'il aime vraiment chez vous ? Et, surtout, ce qu'il n'aime pas ?

– ce que vous avez su lui donner, au départ, vous sera encore demandé dans plusieurs années : êtes-vous prête à n'être ni « tout à fait la même, ni tout à fait une autre », pour continuer à l'éblouir ?...

Et à le séduire ! Conserver votre glamour fait partie de votre travail de femme, et d'épouse. Il faut d'abord apprendre à vous séparer de vos délicieuses-mauvaises-habitudes-de-célibataire.

N'oubliez pas de mettre du rouge à lèvres, même (et surtout) pour un dîner en tête à tête.

Au panier, votre vieux caleçon de laine et votre tee-shirt favori tout-doux-plein-de-trous avec lesquels vous aimiez dormir : vous n'en n'avez plus besoin, votre mari tout neuf faisant maintenant office de bouillotte.

Terminé la tartine de crème ultra-grasse sur la figure, juste avant de vous coucher : pas un homme n'y résiste. Remplacez-la par une lotion fraîche. En revanche, la plupart des antirides sont inodores et absorbés par la peau dès l'application.

En prévision du câlin du matin avec baiser de cinéma, ayez, sur votre table de chevet, un verre d'eau rafraîchie de quatre gouttes d'alcool de menthe.

Le plus délicat sera d'expliquer à votre chien que sa place sur votre lit est désormais définitivement prise (je l'espère)...

PAS DE PARESSE AMOUREUSE : ne jouez pas les femmes toujours fatiguées. Déconcertez l'adversaire ! L'amour, c'est comme la politique : il n'est jamais trop tard pour changer de registre. Attention néanmoins aux jeux dangereux, car tromper n'est pas jouer ! Lorsque vous n'étiez pas totalement à lui, il vous a peut-être aimée parce que vous étiez – ou qu'il vous croyait – volage, et qu'il vous considérait comme un fantasme inaccessible : célibataire, vous pouviez tout vous permettre, ce qui était valable dans un état de séduction ne l'est plus du tout dans celui de cohabitation. N'oubliez jamais que, maintenant, vous portez son nom (et celui de sa mère).

Il adore vos allures juvéniles, certes, mais il est quand même temps de troquer vos culottes Petit Bateau contre de la lingerie fine : une femme digne de ce nom qui a envie de plaire investit dans les jolis dessous, car elle sait qu'on les apprécie (même si on n'ose pas le dire).

Ne pensez pas qu'il s'agisse là d'un penchant particulièrement pervers, bien que l'homme ait toujours été troublé par les zones interdites de notre corps, cachées selon les époques sous de lourds jupons, sous des pantalons fendus, ou entra'perçues grâce aux transparences de mousselines savamment superposées. L'évolution du corps féminin au cours des siècles, les influences apportées par les découvertes de nouveaux continents et l'invention de nouvelles étoffes, cette envie de changement dictée par les caprices de la mode ont fait que les femmes ont voulu, peu à peu, mettre leurs atouts différemment en valeur. Sanglées dans des corsets qui les faisaient s'évanouir, elles les jettent aux orties, vers 1910, sous l'influence de Paul Poiret, pour leur préférer la gorgerette, puis le soutien-gorge. Dans le même temps, la jarretelle caoutchoutée qui tend le bas sur la jambe détrône la jarretière d'étoffe, en vogue depuis le Moyen Âge. Après la guerre de 14-18, la gaine fait son apparition, mais ne prend ses lettres de noblesse que dans les années trente, avec la mode du ventre et des fesses plats. Tout se précipite alors, dans le monde très fermé de la lingerie féminine : dès 1942, les épaules nues des robes de grand soir de Marcel Rochas exigent le « bustier » sans bretelles, puis l'apparition du « new-look » de Christian Dior, en 1947, impose une taille de guêpe. Carven et la corsetière Marie-Rose Lebigot inventent le « balconnet » qui, comme son nom l'indique, place les seins au premier rang du regard. En hommage aux galbes de Mae West qu'il vient de rencontrer à Hollywood, Marcel Rochas crée la guêpière, chef-d'œuvre d'architecture en dentelle. Avec les minijupes des années soixante le collant est de rigueur, puis Mai 68 arrive et nous prive de cette lingerie glamour, de ces combinaisons de crêpe de Chine brodé, de ces féminins ensembles soutien-gorge-culotte-porte-jarretelles en soie ou dentelle blanche, noire ou couleur de layette : les seins pointent nus sous le tee-shirt, les culottes froufroutantes sont réservées aux « professionnelles », le Brésil est à la mode et le string devient roi... Nous avons attendu patiemment les années quatre-vingt pour féminiser à nouveau nos dessous : si les jeunes filles portent volontiers du coton mercerisé brodé à la machine, leurs mères veulent jouer de leurs jambes gainées de bas et afficher des décolletés travaillés (les maris adorent !) : en soie, en dentelle ou en satin, les dessous retrouvent des allures raffinées et s'harmonisent à nos dessus. À côté du classique noir ou blanc apparaissent les joyeux mandarine, turquoise, violet, pêche ou framboise, selon la teinte des chemisiers que nous portons. Et le Wonderbra, c'est quand même plus séduisant, devant le miroir, non ?

Coup de chapeau

Côté couture, en 1965, nous avions toutes une idole : André Courrèges.

Mes robes les plus sexy venaient de vos ateliers, cher monsieur. Vous représentiez la jeunesse et affichiez un parti pris provocateur qui n'était pas pour me déplaire. Pendant quelques années les goûts ont changé, mais heureusement vous revenez maintenant sur la place de Paris, pour toutes les jeunes filles en fleur !

Côté sculpture : Nana maison... Nana fontaine... Mini Nana...

Le sculpteur Niki de Saint-Phalle présente ses œuvres à la galerie Iolas. Je viens de réaliser que ma Nana, offerte par un admirateur, a fini, ainsi qu'un mobile de Calder, dans un terrain vague.

J'ai, depuis, fait des progrès dans mon éducation artistique...

Ne marchez pas dans le futur avec un rétroviseur !

Réservez à votre mari les meilleurs moments de votre quotidien, et faites du sien une lune de miel prolongée. Il y a des faux pas fatals : un seul mot suffit parfois pour détruire un amour, mais que de phrases pour le garder ! D'ailleurs, où vont les mots d'amour et les autres que nous prononçons toute la journée ?

Les petits riens de tous les jours sont d'autant plus importants qu'ils lui prouveront votre attention ! N'oubliez jamais que la réussite de la vie à deux n'est faite que de compromis :

– Laissez-lui toujours la priorité dans la salle de bains.

– Soignez le plateau du petit déjeuner.

– Même s'il ne vous a pas offert de fleurs, disposez toujours un joli vase dans la maison : s'il n'y en a pas, il le remarquera.

– Faites-lui des surprises : si vous partez avant lui, posez – parfois – un mot doux enroulé autour de son trousseau de clés, ou encore, sur le pare-brise de sa voiture, utilisez le dos d'une de vos vieilles contraventions pour lui dire que vous l'aimez.

Encore célibataire ?

« Madame ou mademoiselle ? » est une précision qu'exigent toujours les écritures. Mais demande-t-on à un homme ses titres ? Pourquoi les femmes devraient-elles afficher leur état civil ?

Heureusement, aujourd'hui, on appelle « madame » toute femme adulte (sauf à la Comédie-Française, où l'on continue à donner du « mademoiselle » aux grandes sociétaires, même à un âge avancé). Malgré cela, les dictionnaires ne vous font pas de cadeau !

« Célibataire : vieux garçon, vieille fille. »

Quant au Harrap's, c'est encore plus vénéneux : *« Célibataire : bachelor »* (pour un homme, « garçon », « aspirant à la chevalerie ». Autre définition dont les femmes sont évidemment exclues !).

« Célibataire : spinster » (définition réservée aux femmes : « vieille fille »).

Le monde moderne n'a décidément pas de cœur !

Il y a, n'en déplaise à messieurs les académiciens, différentes sortes de célibataires, et notamment une catégorie fort heureuse de l'être. Célibataire et désir de solitude vont souvent ensemble, tout comme le besoin de cette fameuse liberté qu'il est si difficile d'aliéner lorsqu'on y a pris goût. Dans ce cas-là, laissez-les vivre !

Des femmes

« Je suis mieux seule que mal accompagnée ! » constatent certaines de mes amies. Ce sont celles qui, souvent, privilégient leur vie professionnelle par rapport à leur vie amoureuse. Elles ont eu une expérience malheureuse, une grosse déception : elles sont devenues méfiantes, et ne sont pas prêtes à recommencer ! Si vous êtes dans cet état d'esprit, ne vous sentez pas différente des autres : toutes les femmes, à un moment donné de leur existence, sont blessées par un homme. Ce n'est pas pour autant qu'il faut déclarer forfait. « Chat échaudé craint l'eau froide » : apprenez plutôt à optimiser un éventuel échec, sortez de vos pensées ce monsieur qui vous a fait pleurer et qui n'était pas pour vous (sinon, il vous aurait fait rire, et le ferait encore), soyez méfiante, certes, mais attentive : il n'y a pas de raison pour que l'amour ne croise pas à nouveau votre chemin.

Cependant, quand on voit mourir son rêve, même si cette illusion a été brève, quand le cœur est blessé, il faut savoir garder toute sa dignité. Ne lassez pas vos amies avec vos lamentations : les rempailleurs de couples n'existent pas. Quand vous sentez qu'un homme vous rejette, il faut savoir de vous-même partir, courageusement et fermement : vous n'êtes ni une mauviette ni une midinette, que diable ! Dans la bataille d'amour, gagne parfois celle qui s'enfuit. Et sachez que qui ignore assassine.

D'autres femmes, dotées d'un esprit de sacrifice hors du commun, étouffent les hommes par trop d'amour : elles n'ont pas compris que ce sentiment, s'il est toute la vie de la femme, n'est qu'une part de la vie de l'homme. Soyez avare de votre personne, ne vous donnez pas trop facilement : j'insiste, je persiste, vous valez cher, faites-vous désirer. Une femme sans défauts n'a qu'un seul défaut : celui de n'en avoir aucun. À la longue, vous y gagnerez en mystère et en séduction : pour les hommes (même pour le vôtre) il n'y a rien de plus stimulant que les interdits.

Il est vrai qu'il y a des femmes faites pour être mariées et d'autres pour rester seules ! La dernière catégorie étant celle des séductrices qui veulent être aimées mais ne savent que séduire. Si vous n'avez pas réussi à faire un malheur en Europe, je vous conseille un détour par Atlanta City, sans oublier d'emporter une cassette de country music : ça se danse en mesure, et toujours vers l'Ouest...

Les femmes modernes ne ferraillent pas avec les mêmes armes que leurs grand-mères et sortent plutôt de l'École des chartes que de celle des geishas. L'époque dans laquelle elles vivent leur a appris à s'investir en tant que chefs d'entreprise : actrices, elles montent leur propre maison de production ; dans la communication, elles créent leur agence de presse ou leur bureau de style... Les hommes qui tombent amoureux d'elles ne leur offrent plus de baignoires de marbre ni de rivières de diamants, mais la direction d'un magazine ou d'une émission de télévision si elles sont journalistes, un bureau sur les Champs-Élysées lorsqu'elles sont femmes d'affaires, la responsabilité d'une collection chez un éditeur si elles donnent dans la littérature. Elles étaient fragiles et impalpables : elles sont devenues bien assises. Elles ont choisi l'homme de leur vie de la même manière qu'elles suivent un plan de travail ; dans leur tête, les ordinateurs et les fax ont remplacé les trois rangs de perles, leur frivolité s'est déplacée au bénéfice de propos plus graves et de la liste non exhaustive de leurs obligations.

Signe du temps, peut-être, mais les hommes s'amusent-ils autant avec elles ? Les font-elles toujours autant rêver ?

Mon mari m'a dit l'autre jour : « Tu es mon meilleur investissement ! » Venant d'un banquier, que demander de plus ?

Des hommes

Certains hommes aiment toutes les femmes et n'en épousent aucune : ce sont les fameux « célibataires endurcis ». Ils sont souvent avaricieux, ont un cœur spacieux mais un portefeuille étroit, ne partagent rien, ne veulent ni prêter ni donner... mais tout prendre ! Maniaques, égoïstes, ils sont encore plus capricieux que nous, et tiennent à leur indépendance comme l'acrobate à son trapèze. Ils parlent d'amour à deux, mais rêvent en solitaires. Ils ont souvent un chien (très gros) qu'eux seuls n'entendent pas aboyer, une voiture adaptée uniquement à leurs besoins (qu'elle soit camion aménagé pour la chasse et la pêche, voiture de sport, poubelle d'artiste ou living-room recouvert de moquette blanche), des téléphones portables (très petits) qu'ils ne branchent pas quand ils sont avec vous (probablement pour ne pas être dérangés par leurs autres conquêtes), et, vous la découvrirez vite, une maman (grand-mère, tantine...) névropathe avec qui ils doivent absolument aller passer le week-end en Belgique... En règle générale, ils aiment leurs aises et se plaisent dans leurs habitudes, au sens anglo-saxon, fréquentent des « clubs » d'où les femmes sont exclues. Vous rappellerais-je que, à notre époque, avenue des Champs-Élysées, le

Travellers Club (sis dans l'hôtel de la Païva, qui en a vu d'autres) n'accepte les dames qu'au dîner du jeudi soir...

Certains hommes ont ce que j'appellerais une mémoire « immobilière » : ils se souviennent non du visage des femmes qu'ils ont aimées, mais des endroits où ils les ont aimées. Le célibataire séducteur professionnel un peu distrait se simplifie la vie en fréquentant toujours les mêmes lieux, même et surtout si celle qui l'accompagne n'est pas la même.

Le célibataire est parfois aussi un homme traumatisé, ou pour qui la femme idéale n'existe pas : dans le premier cas, il est terrifié à l'idée de retomber sur une virago abusive et castratrice à l'image de sa mère. Dans le second, aucun cordon-bleu ne pourra jamais rivaliser avec Elle dans la perfection de la crème brûlée, ni avoir sa patience, sa compréhension, sa douceur et son écoute... Sur le tard, il y a parfois dérogation, lorsque les célibataires songent à prendre une « infirmière » en prévision de leurs vieux jours (et je ne vous souhaite pas cette éventualité...).

Autres temps, autres mœurs : dans la Sparte antique, les femmes pouvaient se saisir des « célibataires » à l'âge où ils auraient dû songer à se marier, les traîner nus dans le temple d'Hercule et leur infliger une punition sévère ! Mais voyons les choses en face : ils sont, de nos jours, la catégorie la plus convoitée et la plus dorlotée de la gent masculine, et pour cause : il y a plus de femmes que d'hommes sur notre planète. Il y a quelque temps encore, lorsque nous étions abandonnées, nous avions comme épitaphe : « un de perdu, dix de retrouvés. » Aujourd'hui, ce sont eux qui disent : « Une de perdue, dix de retrouvées. »

Dans une soirée ou en voyage, je les repère de loin : sûrs d'eux, conscients d'être la proie attendue, ils arrivent en terrain conquis. Contrairement à toute attente, ils papillonnent plus volontiers autour des femmes portant une alliance. En public, vous remarquerez qu'ils sont plus enjoués que les hommes mariés à qui ils volent facilement le monopole de la conversation. Plus tardivement, peut-être, selon l'état de votre libido, vous vous apercevrez qu'ils sont de très bons amants, mais disponibles ou indisponibles selon leur caprice du moment, infidèles par nature et menteurs par vocation : le célibataire endurci est l'amant idéal de la femme mariée, mais, de grâce, vous qui rêvez d'un compagnon stable, d'un chemin parcouru à deux avec de bonnes conversations et un bébé à bercer, laissez-le tranquille, ou laissez-le-nous !

J'allais oublier : il y a aussi le célibataire, l'ami du couple, sans odeur ni saveur. Celui-ci est le plus malin, car il sait profiter de tout sous prétexte d'être transparent. Son couvert est toujours mis à la table familiale, il passe ses week-ends à la campagne, la tondeuse à la main ; à la montagne, il apprend à skier aux enfants, ces chers petits, et surtout à leur adorable maman : un vrai père Noël ! En bateau, il sait parfaitement nager en eau trouble. Bref, c'est le tonton idéal !

De l'audace ! De la stratégie !
De l'imagination !

« L'imagination vaut mieux que la connaissance », a dit Albert Einstein... Toutes les femmes ne savent pas voir leur vie en rose ! Certaines d'entre elles sont, pour moi, des énigmes, en apparence séduisantes, amusantes, talentueuses, intelligentes, exquises... Néanmoins, à quarante-cinq ans, elles continuent inlassablement à rechercher l'homme de leur vie. Pourquoi ? C'est parce qu'elles ont, inconsciemment, une double personnalité et une vision de leur relation de couple qui n'a rien à voir avec la réalité. Elles disent « nous » et j'entends « je », partent du principe que rien n'est pardonnable à l'autre au lieu d'apprendre à être un peu plus psychologues pour bien mener leurs conquêtes. Incapables d'opérer ces fameuses concessions indispensables à la bonne marche de la vie à deux, ni de tirer les leçons de leurs erreurs, elles se projettent dans leur avenir et dans celui de leur compagnon avec comme critère exclusif la perfection. La plupart du temps, elles basent leur choix sur un détail physique ou une raison sociale, sans se demander si les qualités humaines de l'homme qu'elles croient avoir bien choisi conviennent aux leurs. Elles sont intransigeantes avec celui qui pourrait être l'homme de leur vie, et donnent aux autres l'image hypocrite de femmes attentives.

« Avec moi, il va changer ! » assurent-elles généralement, fortes de leurs vérités : on ne change jamais personne, et surtout pas dans le sens dans lequel on le voudrait ! Les balbutiements de ce qui vous insupporte maintenant ne feront que s'empirer. Ce serait tellement mieux de prévoir et de positiver ce qui n'est en fait que de petits défauts : au lieu de parler de problèmes, inventez des solutions. L'homme est comme un aimant : il y a chez lui autant de côtés qui attirent que de côtés qui repoussent ! Ses hobbies vous paraîtront moins fastidieux si vous faites l'effort de les adopter : vous n'êtes pas très sportive, et c'est un fan de tennis ? Faites-lui la surprise de vous inscrire au cours. Il joue du piano ? Louez-en un. Maniaque, il ne supporte personne d'autre que lui pour laver « convenablement » sa Clio et vous bassine de courses automobiles ? Intriguez, trouvez deux laissez-passer pour un stand aux 24 Heures du Mans, abonnez-vous à *L'Équipe* et à *Sport-Auto*... Vous verrez comme la vie va être plus piquante et plus joyeuse, maintenant que vous négociez parfaitement la ligne droite des Hunaudières et que vous pactisez avec l'ennemi !

Si vous n'êtes pas prête à tenter ces petits efforts, la conclusion sera toujours la même : cette septième merveille du monde partira en courant vers d'autres aventures plus paisibles, vers une autre femme qui saura l'écouter, LUI, le comprendre, LUI. N'oubliez jamais que l'un des secrets de la réussite du couple est d'accepter de faire, avec le sourire, les choses qui vous ennuient le plus.

Le mariage, c'est comme un long voyage en mer pendant lequel il faut être suffisamment habile pour passer le cap dans la tempête, bien que l'on puisse aussi se trouver encalminé sans raison apparente. L'idéal est d'arriver, poussé par le bon vent, dans la baie de tranquillité.

Leçon de tactique

Une des sirènes de notre siècle était Jackie Kennedy : son succès avec les hommes venait-il de sa beauté et de son charme ? Certainement, mais ce qui les ensorcelait était la fabuleuse écoute qu'ils trouvaient auprès d'elle... Elle avait ce don prodigieux de faire exister l'autre. N'oubliant pas qu'elle avait été journaliste, elle me donnait l'impression d'avoir toujours préparé une liste de questions comme s'il s'agissait d'une interview, ce qui mettait les hommes, dès qu'elle leur parlait d'eux, dans l'extase la plus complète.

Nous la reçûmes, un soir, pour un verre. Jackie Kennedy cherchait un appartement à Paris, et mon mari avait demandé à l'un de ses proches collaborateurs, dont c'était le métier, de venir l'assister. Comme nous n'étions que quatre, mon invitée sut immédiatement quelle devait être sa cible. Posée sur un canapé de velours vert émeraude mettant en valeur sa simple robe de soie noire, les genoux serrés comme une jeune écolière, elle avait adopté une attitude qui déclenchait systématiquement l'instinct de protection. Là j'ai vu, en une seconde, sous mes yeux, se déployer toute la gamme de la séduction : cette grande et superbe femme devenait une petite fille innocente, fragile, et évidemment subjuguée par la connaissance du problème qu'avait son interlocuteur : de sa bouche en cœur ne sortaient que de flatteuses exclamations, et, si j'avais encore dû apprendre quelque chose dans ce domaine, quelle leçon eût été pour moi celle de cette grande charmeuse professionnelle ! B.R.M. se sentait l'homme le plus important du monde, mon mari et moi-même eûmes un moment d'angoisse, persuadés que ce fidèle collaborateur était prêt à nous expulser de notre maison pour y loger la biche égarée...

Saint-Tropez, été 1966

Nous étions invités à déjeuner sur le bateau de Sam Spiegel. Le célèbre producteur du *Pont de la rivière Kwaï* et de *Lawrence d'Arabie* avait également convié Shirley MacLaine, le cinéaste Anatole Litvak et son épouse Sophie (ancien mannequin vedette de Jacques Fath), ainsi que les duettistes et pionniers de la thérapie sexuelle, William Masters et Virginia Johnson. Réunis autour d'une magnifique bouillabaisse préparée par Tétou, nous apprîmes, en décortiquant nos moules, que les Américains ne savaient pas faire l'amour ! Conclusion de ces deux célèbres médecins, gynécologues et psychologues, après observation de cinq mille actes sexuels (!). Au dessert, l'alcôve des Yankees n'avait plus de secrets pour moi. La seule leçon que j'aie retenue de ce long discours était qu'il faut cesser d'attribuer toute la responsabilité sexuelle à l'homme, et que ce dernier peut fonctionner à volonté dès que la femme est à sa disposition.

En quittant le bateau, je me disais qu'effectivement je n'avais jamais songé à cette éventualité. Perspicaces, ces Américains !

Amoureuse ne veut pas dire idiote, béate, et heureuse de l'être !

J'ai eu beaucoup de chance dans la vie et je le dois au regard des hommes qui ont croisé mon existence. Ce sont eux qui ont su me faire prendre conscience de ce qu'il y avait d'intéressant en moi, et m'ont donné les clés des portes à ouvrir. La seule vertu que je me reconnaisse est d'avoir toujours eu un jugement sélectif : les mirages ne font pas partie de mon voyage, pas plus d'ailleurs que la revendication d'une indépendance qui n'a jamais été programmée. Depuis la nuit des temps, et quoi que certaines en pensent, l'Histoire nous prouve que les hommes sont nos maîtres et que les vrais moments d'égalité qu'ils nous reconnaissent sont dans les situations d'émotion, de déceptions et de joies. Jusqu'à dernier ordre, ils savaient nous récompenser pour cette suprématie, même si elle était toute relative. La prétendue indépendance de la femme a créé, en fait, celle du mari... Souriez, mesdames : que celles qui vivent avec des héros aux petits soins pour elles, celles qui ne sont jamais bousculées dans un ascenseur, ne prennent jamais une portière de voiture dans le nez, qu'on aide à porter leurs paquets ou que l'on abrite gentiment sous un parapluie me lancent la première pierre...

Quelles que soient vos opinions, mesdames, vous fantasmez toujours sur l'homme fort, viril, sportif, macho : je ne connais pas une femme dont l'idéal masculin serait un petit homme chauve et bedonnant, dont le sex-appeal viendrait de la manière dont il épluche les haricots verts !

Réflexion : d'après un récent sondage, 16 % seulement des femmes accepteraient d'être dirigées par une femme-patron ! Qu'en déduisent les féministes de Mai 68 ???

J'aime bien le constat de Marc Lavoine, interviewé à la télévision : « Les hommes sont des femmes comme les autres. »

Mais que nous reprochent-ils donc ?

Des tas de choses, et tout d'abord notre indiscrétion, notre maladive curiosité féminine, et notre manque de respect de ce qu'ils appellent leur intimité. N'oublions pas qu'en chaque homme un Barbe-Bleue sommeille. Le mot « fidélité » n'est pas masculin, même dans le *Petit Larousse* : s'il est commun et singulier, il est, hélas, uniquement féminin... Réussir son couple, c'est une montagne à gravir pour l'avenir que l'on construit à deux. Il faut savoir que les femmes naissent rebelles. En revanche, les hommes détestent celles qui créent des drames et font des scènes. De toutes les manières, nous n'aurons jamais raison, car, contrairement à la légende, ils excellent dans l'art du mensonge... Même mariés, ils s'aiment libres. Alors, abordons les problèmes plus finement, plus habilement, et donnons moins d'importance à ce qui n'en a pas, tout en laissant, avec humour, pressentir que nous ne sommes pas dupes de leurs escapades. Ils nous diront que le bonheur ça se mérite : laissons-les respirer, mais ouvrons l'œil !

– Vous ne lui faites pas forcément une bonne surprise lorsque vous lui téléphonez sur son lieu de travail.

– Ne lancez pas, sur un ton inquisiteur : « Chéri, je crois que tu as une lettre de ta sœur », à la vue d'une enveloppe à son seul nom, fleurie d'une écriture féminine.

– Je ne garantis pas le résultat de : « J'ai donné ton imperméable au pressing. Le numéro de téléphone griffonné sur un papier dans le fond de ta poche, c'était important ? »

– Ni : « J'ai reçu notre relevé de banque : je ne comprends pas, tu ne m'as rien offert de chez Emmanuelle Kahn depuis des années ! »

– Suave apothéose : « Depuis ton dernier voyage à Londres, j'adore, la nuit, tes mots d'amour en anglais ! »

Vous voulez un bébé

Lorsque vous êtes amoureuse, la fibre maternelle s'éveille généralement en vous, mais ce sentiment n'est pas toujours partagé par l'homme que vous avez choisi... N'oubliez pas qu'il peut être égoïste ! Les responsabilités le terrifient, il envisage d'un mauvais œil le changement total de vos relations amoureuses, il a peur que vous le délaissiez au profit de ce petit être rougeaud et hurleur, et déteste à l'avance l'idée de voir votre intérêt porté à quelqu'un d'autre que lui : il est jaloux... Dans le meilleur des cas, tout cela s'arrangera, et il deviendra un jeune père attentif, fier et comblé.

Mais il y a une autre race d'hommes qui, « pour rien au monde », etc., et que rien ne fera changer d'avis. Certaines jeunes femmes pensent qu'elles peuvent tenter leur chance : erreur ! Ce n'est pas pour cela qu'il vous fera la vie dont vous rêvez avec lui.

Si vous avez entre trente-cinq et quarante ans, il faut voir les choses en face : pour vous qui voulez être mère, vous atteignez la limite d'âge. Deux solutions s'offrent à vous : vous renoncez pour vous consacrer désormais à votre carrière (et généralement à la sienne). Vous pouvez aussi décider de faire un enfant toute seule... Ce n'est pas toujours facile, mais cela vous apportera de très grandes joies, et c'est un bonheur qu'il ne faut pas vous refuser : plus tard, il sera trop tard.

Grossesse : mode d'emploi

Il vous faut d'abord arrêter la contraception, vous assurer de votre immunité (toxoplasmose, rubéole), faire les tests hépatite B et HIV en couple. Même si le gynécologue recommande d'attendre que les cycles redeviennent réguliers après l'arrêt de la pilule, pour éviter les fausses couches spontanées dues à une mauvaise implantation de l'œuf, il n'existe pas d'augmentation du risque de malformation ou de grossesse multiple si la grossesse survient dès le premier cycle.

L'attente est parfois dure à supporter : dans l'espèce humaine, le « rendement » est faible (25 % de chances d'être enceinte à chaque cycle, tout étant normal par ailleurs). Si rien ne s'est passé après un an, en cas d'antécédents particuliers (troubles du cycle, salpingite) ou de pathologie chez le partenaire, consulter à nouveau. Il faut savoir être patiente : on ne maîtrise pas sa fertilité comme on maîtrise sa contraception. On sait que la période de fécondité maximale se situe statistiquement quatre à six jours avant l'ovulation (le point le plus bas de la courbe de température rectale, prise le matin au réveil, avant de poser le pied par terre).

Comment gérer le début de sa grossesse ? Il faut d'abord la reconnaître ! Les signes en sont : retard des règles, tensions mammaires, nausées... et la confirmation par le test acheté en pharmacie. Une première grossesse est toujours synonyme de période d'inquiétude mais de nombreux livres traitent du sujet, et le médecin est là pour vous rassurer. Il faut savoir gérer à deux le fréquent trouble psychologique que cela peut créer, réfléchir sur le mode et le lieu de l'accouchement. La déclaration à la Sécurité sociale doit être faite avant la fin du troisième mois de grossesse, les visites de contrôle jusqu'à la vingt-deuxième semaine. Attention aux médicaments ! Ils ne sont pas tous autorisés : ne rien prendre sans l'accord du médecin.

Heureux parents ! Bébé est arrivé ! Quelle que soit votre situation familiale, il faut vous attendre à un inconvénient postnatal auquel bien peu d'entre nous échappent : c'est le « baby-blues ». Ce gros coup de déprime vous tombe généralement sur les épaules le lendemain de votre accouchement : d'abord, vous ne comprenez pas pourquoi vous êtes toujours aussi ronde, alors que cette minuscule petite chose dort auprès de vous. Vous commencez à paniquer, à penser que vous ne serez jamais à la hauteur, et vous accumulez les idées les plus noires... Tout cela est parfaitement normal !

Sachez qu'une femme sur dix souffre d'une vraie dépression qui dure parfois un an après la naissance de son bébé. L'origine de ce mal réside dans la diminution d'hormones qui survient après l'accouchement. Pour pallier cela, les chercheurs expérimentent maintenant l'efficacité d'un « patch » d'œstrogènes (applicable comme celui que l'on colle pour arrêter de fumer) qui ferait retrouver leur belle humeur à huit femmes sur dix. Demandez conseil à votre accoucheur, et contre-attaquez !

Après trente-cinq ans, période de l'épanouissement professionnel, c'est également celle des ruptures, puis des remariages... Vous pouvez alors être confrontée à des grossesses plus tardives, qui nécessitent un suivi particulièrement attentif. La consultation gynécologique régulière est de mise, avec surveillance des seins et mammographie, si besoin. L'amniocentèse est alors généralement demandée par le médecin.

La jeune épouse devient jeune mère

En me mariant, je devais me préparer à assumer des obligations et des devoirs auxquels je n'étais pas préparée : apprendre mon nouveau rôle de maîtresse de maison et de mère de famille, diriger un secrétariat, reprendre les œuvres de ma belle-mère, entrer dans des fonctions en rapport avec ma nouvelle communauté religieuse... Ma vie de femme mariée se transformait en vie de femme d'ambassadeur et, du jour au lendemain, se situait dans tous les pays du monde. Ma vie de mère en a été très frustrée. Comme tous les parents, nous essayions de pallier cette perpétuelle course contre la montre pour passer le plus de temps possible avec notre fils. Comme tous les parents, nous n'arrivions à lui réserver que les fins de journée, les week-ends et les périodes de vacances. Avec le recul, je crois pouvoir dire que le plus grand bonheur pour une mère est de pouvoir s'occuper à plein temps de son enfant. Il est délicat de conseiller aux femmes qui ont un métier de l'abandonner pour ce faire, mais pour celles d'entre vous qui ont le choix et la liberté de leurs moyens, entre le succès professionnel et l'anonymat de la tendre mère au foyer, n'hésitez pas, choisissez la deuxième solution. Car il ne faut pas oublier que votre enfant a besoin de vous et que les satisfactions personnelles que vous tirez de votre travail ne compenseront jamais les moments privilégiés que vous auriez pu lui consacrer.

Quarante ans déjà ? Quel bel âge !

Rien ne doit vous échapper, personne ne peut vous résister. Les hommes sont fous amoureux de vous, les jeunes gens vous convoitent, les enfants vous adorent, les jeunes filles vous jalousent. Quant à vos amies de classe, elles ont toujours, elles, curieusement, trente-cinq ans ! C'est à quarante ans que vous faites tourner le plus de têtes, et vous avez encore l'inconscience de la jeunesse sans l'inquiétude du futur, d'autant plus que votre mariage est installé dans la sérénité. Votre carrière est assise, votre talent reconnu. Votre mari est encore, à vos yeux, « le bel hidalgo, celui qui n'a pas changé... » (mais peut-être que, l'année prochaine, vous serez plus vigilante que jamais...). Sûre de vous, aimez-vous, ne comptez pas, utilisez tout ce qui est à la mode, et n'oubliez pas que tous les chemins mènent au succès, sauf ceux de la pâtisserie !

Bilans de santé

Si vous portez déjà des lunettes, vous devez, une fois par an, faire vérifier vos verres et vos yeux. Il est important d'être vigilante sur ce point, car votre négligence de jeunesse peut vous mener à une cécité imprévisible quelques décennies plus tard. De toutes les manières, si, vers quarante ans, du jour au lendemain, vous ne pouvez plus lire le *Bottin* ou plissez les yeux pour ce faire, pas de doute, vous êtes en train de devenir presbyte ! (La presbytie est la diminution du pouvoir d'accommodation du cristallin, empêchant de voir les objets proches.) Il faut aller consulter d'urgence un ophtalmologiste.

Avant quarante ans, à moins d'avoir un souci particulier et d'être suivie par le spécialiste de votre pathologie, seul le bilan de santé annuel et routinier s'impose : le généraliste devra vérifier votre tension artérielle et votre poids. En cas d'amincissement ou de prise flagrante de kilos sans raison apparente, attention aux régimes, et notamment à ceux appauvris en calcium ! On remarquera que les femmes nordiques, qui mangent des plats moins lourds que nous, boivent beaucoup de lait et consomment des laitages frais, connaissent moins les sévices de l'ostéoporose (fragilité des os).

Bilan gynécologique : En cas de prise de contraceptif (oral ou stérilet), deux bilans annuels s'imposent : col utérin, ovaires, seins.

À partir de quarante ans, le gynécologue prescrira une mammographie tous les deux ans. Les premiers essais de cette pratique révolutionnaire datent de 1908, mais la technique n'a été au point qu'en 1953, grâce au docteur Vuillemin. Merci, monsieur, en notre nom à toutes.

Une fois par an, un bilan sanguin examinera la possibilité de troubles métaboliques en rapport avec la prise de pilule, et le frottis dépistera les éventuelles lésions virales, très fréquentes dans cette tranche d'âge, transmises par les rapports sexuels. En dehors de prise de contraceptif ou de pathologie mammaire, utérine ou ovarienne, un seul bilan annuel avec frottis est prescrit.

Beauté : un pot-pourri de vos talents à 40 ans

Sauf en cas d'allergies, vous n'avez pas encore besoin de produits de beauté recommandés par une ordonnance : vous avez le droit d'ouvrir tous les pots de crème, de tester tous les démaquillants, antirides et crèmes de nuit qui vous font envie (à condition, bien sûr, qu'ils correspondent à votre type de peau). Ce qui vous fait plaisir ne peut vous faire que du bien ! La méfiance que nous avons aujourd'hui envers les formules des produits de beauté et la satisfaction de découvrir des petites recettes nous amènent à en fabriquer certaines nous-mêmes : aidée de quelques trucs, vous pourrez être aussi fière de vos préparations « home made » que du petit salé aux lentilles qui a fait votre réputation de fine cuisinière !

Mieux vaut prévenir que guérir : faites l'acquisition, pour votre salle de bains, d'une glace grossissante, genre miroir Brot. Je sais qu'il y a mieux pour le moral, mais il est préférable que vous déceliez vous-même la première ride ou le premier cheveu blanc, plutôt que d'avoir une réflexion surprise de votre mari...

Ayant évité, en voyage, des naufrages successifs chez des coiffeurs divers et variés, depuis des années je fais mes teintures moi-même, ce qui me permet d'être toujours rassurée. N'ayez pas peur d'utiliser les produits de grandes surfaces : à notre époque, les modes d'emploi sont clairs et les produits si légers que vous ne risquez pas grand-chose à vous aventurer dans ce domaine ! Ce n'est bien sûr pas valable si vous êtes une blonde naturelle avec des mèches. Dans ce cas, pensez seulement au rinçage avec une décoction de camomille, et optez pour l'inflexible coiffeur qui vous refusera tout net le blond platine qui n'est plus de votre âge, au profit du doux « vénitien » qui est peut-être plus votre style.

Et si vous ne rendez pas régulièrement visite au spécialiste pour effectuer des soins de cheveux, profitez d'une soirée où votre mari est en voyage pour fabriquer cette potion nourrissante : mélangez 2 cuillerées à soupe d'huile de germe de blé à un demi-citron. Massez longuement, pour bien faire pénétrer dans le cuir chevelu. Drapez une serviette en turban, et bonne nuit ! Le lendemain matin, vous laverez vos cheveux avec un shampooing doux, et ajouterez la moitié restante du citron dans la dernière eau de rinçage : vos cheveux seront souples et brillants.

Profitez-en pour faire vous-même votre teinture de sourcils : blonde, il vous suffit d'appliquer un peu d'eau oxygénée ou un oxydant à 10° avec un coton-tige. Laissez agir une minute. Brune, utilisez la même teinture que celle pour vos cheveux. Rincez à l'eau tiède et le tour est joué !

Pour donner de la tenue à votre mise en plis, tamponnez vos rouleaux à la bière ou au citron.

Mes premiers cheveux blancs étaient arrivés. À Bruxelles, je rencontrai la charmante et mystérieuse Sonia Rykiel, surnommée « l'impératrice du tricot » par les Américains. Admirative devant sa sublime chevelure rousse, je lui demandai l'adresse de son coiffeur. Mais il y a roux et roux, et le mien me donna plutôt l'impression de sortir de chez son teinturier !

Viktoria, l'une de mes relations russes, dont j'admire le teint transparent, se fait depuis des années, une fois par mois, un masque de beauté très économique pour nettoyer sa peau. En voici la recette : demandez à votre boulanger un carré de levure fraîche et mélangez-le à quelques gouttes de lait (écrémé, si vous avez la peau grasse, entier, si vous avez la peau sèche), pour obtenir une pâte onctueuse. Étalez bien et laissez sécher 20 minutes. Enlevez, en rinçant votre visage à l'eau tiède, puis à l'eau fraîche. Séchez, et appliquez une crème hydratante. Cette recette me rappelle que, lorsque j'étais petite fille, ma grand-mère me donnait à boire, de temps en temps, un petit verre de « dépuratif », disait-elle : il s'agissait tout simplement de levure de boulanger fraîche, délayée dans un peu d'eau...

Cannes, juin 1958. Mes ambitions se réalisent !

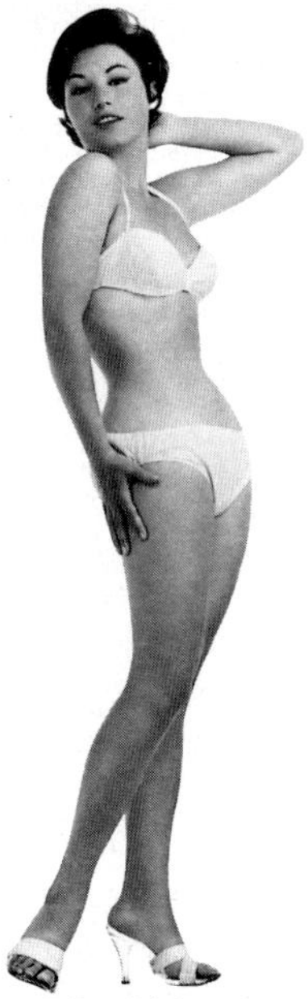

© Sam Lévin

© Sam Lévin

À cette époque, je fais un passage à Hollywood, où je découvre les secrets des stars et les consigne soigneusement dans un petit carnet : grâce à lui, je peux vous livrer aujourd'hui certaines de ces précieuses recettes de beauté.

© Sam Lévin

© Sam Lévin

© D.R. Coll. de l'auteur

Je joue au Théâtre des Capucines. J'adorais les comédies musicales. Quelle école pour apprendre ce métier si difficile !

© D.R. Coll. de l'auteur

Une danse savoureuse avec Jacques Chazot, qui a été durant toute sa vie un ami élégant et sincère.

Ma première séance de pose chez Jean-Gabriel Domergue.
C'est lui qui m'a enseigné la discipline de la beauté.

© Claude Azoulay

À Château Clarke, le choix des roses au matin,
pour égayer la maison et concocter
toutes sortes de lotions magiques...

© GY'S Mick

« La beauté pousse du sommeil comme une fleur »
disait Antonin Artaud. Commencez par décorer votre chambre
avec des couleurs harmonieuses et apaisantes.

© Daniel Cariou

Ci-dessus : au centre Marie-José Bobet, à Quiberon, avec Marie-Christine Barrault et le sculpteur César, pour la cure de remise en forme annuelle.

© D.R. Coll. de l'auteur

Ci-contre : la marche, avec un petit compagnon si vous avez besoin d'encouragements, est essentielle à l'équilibre.

© D.R. Coll. de l'auteur

À tous les âges, entretenez-vous par un sport adapté : ici à la montagne, avec Éric Tabarly, pour le ski mais aussi pour les joies des pauses autour d'un grog.

© D.R. Coll. de l'auteur

Linda Evans et Roger Moore ne sont pas les seules stars d'Hollywood !

© Bruno Schneider / Télé 7 Jours / Scoop

La passion du théâtre me fait remonter sur scène pour une opérette de Francis Lopez, *Sissi*, dont j'ai écrit le livret.

© Claude Azoulay

Ne jamais abandonner : les années ont passé,
mais l'éternel féminin subsiste...

Le rouge à lèvres, c'est comme les bijoux : on ne l'aime pas tant qu'on n'en a pas porté ! Habituez-vous à mettre du rouge, qui est si féminin et vous donne tout de suite un air soigné. Vérifiez que sa couleur ne jure ni avec vos vêtements ni avec votre vernis : un peu de dissolvant passé sur les ongles vaut mieux que deux rouges qui s'entrechoquent !

Depuis des années, je pose sur mes cils et mes sourcils une goutte d'huile de ricin pour les fortifier : c'est très efficace.

Malgré l'évolution des mascaras, j'ai gardé l'habitude du « cake », que j'applique avec une brosse bien épaisse, à peine humide : j'évite ainsi « pâtés » et débordements. Pour avoir toute la longueur du cil, je vous conseille de ne pas vous maquiller face à la glace, mais de poser celle-ci à plat et d'y pencher la tête.

Contrairement à ce que vous seriez tentée de faire, n'utilisez jamais de fard à paupières de la couleur de vos yeux : cela les rapetisse et nuit à leur éclat. De toutes les manières, posez votre ombre délicatement, et estompez ! Optez pour le vert (si vous avez les yeux marron), le gris (si vous avez les yeux verts), le marron, le gris ou le beige (s'ils sont bleus).

Dans les parfumeries, vous trouvez des coton-tiges taillés en pointe, spécialement étudiés pour estomper le fard : c'est bien pratique !

Pour préparer ma peau au bronzage, un mois avant le début de l'été, je fais une cure d'huile de bourrache en gélules, vitamines A et E, avec un jus de carotte au petit déjeuner : ainsi mon teint devient de la couleur d'un abricot doré au soleil ! Savez-vous que votre bronzage dure bien plus longtemps sur un épiderme bien gommé ? Faites votre nettoyage de peau juste avant de partir en vacances.

Le beurre de karité n'est pas uniquement comestible, c'est un merveilleux baume de massage pour le corps : ma complice africaine Didi vous le recommande vivement !

Miel au-dedans et miel au-dehors...

« Le miel est l'âme des fleurs » disait Agnès Sorel, la « Dame de beauté » favorite de Charles VII. Afin de conserver sa jeunesse et son roi, elle mélangeait du miel à ses crèmes et onguents, ainsi que l'avaient fait, bien avant elle, les princesses égyptiennes et les belles Romaines.

Produit aux nombreuses vertus, régénérant et cicatrisant pour la peau, le miel est depuis sa découverte par les Assyriens un remède universel, une nourriture divine, la première source sucrée connue et, avec la cire, le premier moyen d'éclairage... Il embaumait les momies, était la base de toute préparation pharmaceutique, et fit partie de nombreux rites religieux : chez les Germains, le nouveau-né n'était pas reconnu comme existant vraiment avant que ses lèvres n'en soient frottées... Dans les pays orientaux, le miel est de toutes les célébrations, fêtes ou funérailles. Le poète chantait les « chastes buveuses de rosée » que sont les abeilles, tandis que l'hydromel – première boisson alcoolisée connue – était réputé breuvage d'immortalité... C'est un produit sain, fourni par de subtiles travailleuses, qui ont sûrement, depuis la nuit des temps, un ordinateur dans leurs ruches !

Quatre fois par an, à chaque changement de saison, je commence le trimestre par l'absorption de gelée royale (jamais plus de la valeur d'un petit pois). Riche en vitamine B5, dont le manque entraîne certaines lésions de l'épiderme, la gelée royale est également un remarquable fournisseur d'énergie.

Il y a mille préparations à base de miel que j'aime d'autant plus qu'elles sont simples à réaliser et que leur action est immédiatement visible. Profitez de vos week-ends avec celles de vos amies qui, à l'ordinaire, se répandent sur leurs chagrins d'amour pour leur faire tester d'originaux soins de beauté : ils seront tout aussi efficaces pour leur peau que pour leur moral !

L'huile de germe de blé contient de la vitamine E, utile au bon fonctionnement du système cardio-vasculaire et connue comme vitamine de jeunesse. Pour faire un bon *masque hydratant*, mélangez-en à une cuillerée à soupe de miel, 1 jaune d'œuf et quelques gouttes de citron. Appliquez sur le visage (et sur les mains, que vous oubliez trop souvent) ; laissez poser. Enlevez à l'eau tiède.

Si vous sentez votre peau rêche, testez le plus naturel des *peelings*, achetez un miel granuleux, comme celui de trèfle, de romarin ou de sarriette. Laissez agir 15 minutes, et rincez à l'eau tiède.

Fabriquez votre *savon* et personnalisez-le : râpez 500 grammes de savon de Marseille, et faites dissoudre, à feu doux, dans la valeur d'une tasse à thé d'eau. Ajoutez 500 grammes de miel de lavande, malaxez le tout, et aromatisez avec quelques gouttes de votre parfum ou d'une essence de fleurs. Versez la pâte dans des petits moules (genre moules à biscuits) et laissez refroidir.

Et en cas de petit problème intestinal, une cuillerée à café de miel de fleurs, à jeun le matin, remédie immédiatement à ce souci !

Si vous songez à faire un régime, commencez par remplacer le sucre par le miel.

Mince ou maigre ? Attention !

« On n'est jamais trop riche ni trop maigre », disait la duchesse de Windsor, obsédée par son poids alors qu'elle était spectrale. Certains hommes que j'appellerais « traumatisés du squelette » trouvent toujours la femme trop grosse. Ils ne supportent pas qu'elle mange de bon appétit, objectant qu'ils voient leur tube digestif en gros plan... Généralement ils n'aiment pas non plus la voir enceinte et détestent les enfants. Tous les hommes que j'ai connus qui aiment les femmes maigres manquent souvent de sensualité et sont généralement obsédés par la mort.

Mais la société dicte ses lois, le poids en est une, et la minceur fait envie. En 1942, dans son livre *La Philosophie de l'élégance*, Maggy Rouff se moquait déjà du syndrome « minceur » en suggérant ironiquement le régime idéal :

Lundi : une pastille de menthe ;
Mardi : une citronnade ;
Mercredi : un cachet d'aspirine ;
Jeudi : diète ;
Vendredi : un verre d'eau ;
Samedi : un massage ;
Dimanche (jour de fête) : un sucre d'orge...

La gourmandise n'est-elle pas l'un des sept péchés capitaux ? Pour certaines femmes, minceur égale ambition et réussite, et elles ont des réactions excessives lorsqu'elles prennent quelques grammes. Tout le monde n'a pas la morphologie des mannequins étiques qui font la couverture des magazines de mode ; mais, si vous avez tendance à prendre du poids, le nutritionniste est là pour vous mettre sur le chemin d'un régime sur mesure, adapté à votre santé : ne tentez jamais celui de votre voisine, même s'il lui réussit bien.

La privation engendre frustration donc mauvaise humeur : la minceur ne peut pas s'obtenir sans le stress qui vous fait craquer à un moment ou à un autre, et vous précipiter sur l'interdite boîte de chocolats : mangez beaucoup de tout ce qui vous convient et un peu de ce qui vous fait plaisir...

Voulez-vous connaître le régime qui fait fureur aujourd'hui en Israël ?

Il a fait fondre une grande partie des belles rondes de Tel-Aviv, et a l'avantage d'être sain et de ne pas vous laisser morte de faim. Le plat de base se compose de soupe, toujours de soupe, et encore de soupe, faite à la manière d'une potée auvergnate (sans les saucisses, ne rêvez pas), et vous pourrez en manger autant que vous voudrez, à n'importe quelle heure du jour et de la nuit. C'est, de plus, une grande lessive pour l'organisme : votre nettoyage de printemps !

Pour le bouillon : dans une grande marmite vous mettez : 5 gros céleris en branche, 2 gros choux verts, 8 gros oignons frais verts, 3 très grands poireaux, 1 boîte entière de tomates épluchées, du thym, du laurier.

Cette jardinière de verdure doit mijoter à feu doux pendant deux heures. Petit à petit, enlevez le bouillon, et gardez-le de côté. Passez les légumes à la moulinette, surtout pas au mixeur, car la soupe doit être épaisse afin que vous la mâchiez au lieu de l'avaler toute ronde.

Pendant les cinq jours que durera votre régime, cette soupe et son bouillon que vous boirez durant la journée seront votre plat de résistance. Vous devrez en manger obligatoirement midi et soir, et, si vous en avez envie, au petit déjeuner.

Ingrédients à ajouter pour donner plus de goût : de la sauce soja, du citron, piment, sel et poivre.

Courage ! Nous commençons !

PREMIER JOUR

Petit déjeuner : thé, café, édulcorant. Si vous avez faim, de la soupe !

Déjeuner : de la soupe, autant que vous voudrez. Une salade fraîche, verte, assaisonnée au citron. Fines herbes et ail si vous le souhaitez. Vous pouvez également ajouter les tomates épluchées en boîte, avec de l'ail pilé.

Thé, café, ou tisane de Rachel, avec édulcorant.

Dîner : la même chose qu'au déjeuner.

Thé léger, café décaféiné ou tisane de Rachel.

DEUXIÈME JOUR

Petit déjeuner : thé, café, édulcorant. Deux fruits, qui doivent toujours être identiques : deux pommes, par exemple.

Encore un peu de soupe ?

Déjeuner : soupe ! deux poires.

Thé, café, ou tisane de Rachel.

Dîner : soupe. Deux tranches d'ananas frais ou deux pêches, ou deux barquettes de fraises ou framboises, selon la saison. Pas de bananes, pour l'instant.

Thé léger, café décaféiné ou tisane de Rachel.

Le seul fruit auquel vous ne toucherez pas durant tout ce régime sera le melon.

TROISIÈME JOUR (jour de gala !)

Petit déjeuner : thé, café, édulcorant. Une orange ou une mandarine et une tranche de pain complet.

Vous reprendrez bien un peu de potage ?

Déjeuner : soupe, salade au citron parfumée d'aromates, une tranche de pain complet, une prune ou un abricot.

Thé, café, tisane de Rachel.

Dîner : soupe, salade au citron.

Thé léger, café décaféiné ou tisane de Rachel.

QUATRIÈME JOUR

Petit déjeuner : thé, café, édulcorant, trois bananes (et soupe, si vous en avez encore envie !).

Déjeuner : soupe ! Un verre de lait écrémé, trois bananes (vous avez le droit de passer au mixeur votre verre de lait et deux bananes pour les transformer en milk-shake). Édulcorant.

Thé, café, ou tisane de Rachel.

Dîner : soupe, un verre de lait écrémé, trois bananes.

Thé léger, café décaféiné ou tisane de Rachel.

CINQUIÈME JOUR

Petit déjeuner : thé, café, édulcorant.

Déjeuner : soupe... poulet ou poisson cuit à la vapeur ou au four, sans matière grasse. Salade verte, citron.

Thé, café ou tisane de Rachel.

Dîner : finissez donc la soupe ! Poulet ou poisson cuit sans matière grasse. Salade verte.

Thé léger, café décaféiné ou tisane de Rachel.

P.S. : Quand j'achète du poisson, je regarde toujours l'œil. Dans mes rencontres avec les hommes, je fais la même chose...

La tisane de Rachel

En Israël, ma douce Rachel me prépare chaque soir avant le coucher du soleil une théière de marhamyia. Cette plante se reconnaît à ses fleurs bleues dressées et à ses feuilles grisâtres et duvetées.

Les médecins de l'ancienne école de Salerne

regardaient la marhamyia comme un végétal miraculeux. Ils disaient « un homme ne saurait mourir s'il a de la marhamyia dans son jardin ».

Vous pouvez toutes en planter, car la marhamyia... c'est de la sauge !

Vous continuez la gym, je l'espère

Vous vous adonnez consciencieusement à la pratique d'un sport ? Bravo ! Si vous aviez momentanément « oublié » de faire vos exercices quotidiens, recommencez, mais en douceur, avec la gymnastique aquatique ou une gymnastique de maintien : à notre époque, ce ne sont pas les variantes qui manquent ! Pendant vingt ans, nous avons été intoxiquées d'aérobic, c'était le bagne en collants et guêtres roses. Aujourd'hui, après avoir détruit la colonne vertébrale et tassé les vertèbres de la moitié du monde – ce qui a fait la richesse de bien des rhumatologues et ostéopathes – on ne nous parle plus que de gymnastique douce. Les grandes prêtresses affirment même : « Il n'y a rien de plus mauvais que l'abus de gymnastique... » De qui se moque-t-on ?

Dans le style gymnastique à la Confucius, vous pouvez choisir entre le tai-chi-chuan, le qi-gong, le tao-yin ou le pa kua. Nous finirons ce menu oriental par le chariot des desserts : danse du ventre, danse indienne et tango argentin.

Qui croire ? Que faire ? Où aller ? En femme normale, je répondrai : marche à pied, natation, bicyclette !

Je recommande également les classiques salles de gymnastique, il y en a dans chaque quartier. Dans certains arrondissements, les sapeurs-pompiers acceptent dans leur salle des « aspirantes » qui ne vont pas forcément au feu.

Parfums de jeune femme et parfums de femme

Comme le dit si joliment mon grand ami Jean-Paul Guerlain : « Le parfum, c'est ce qu'il reste d'une femme quand on a éteint la lumière. » Malgré les nombreuses tentations offertes par les parfumeurs, votre sillage doit être aussi discret qu'unique, et surtout il doit vous ressembler. Quoique... J'ai remarqué à plusieurs reprises, en cas de coup de cœur, de coup de foudre, une soudaine poussée d'adrénaline qui conduit immanquablement mes amies sur le chemin de « Trésor » ou du « N° 5 » de Chanel : je comprends alors qu'un nouvel homme est arrivé dans leur vie et que, pour le séduire, elles veulent, telle l'odalisque, marquer leur passage d'une présence ambrée ou puissamment jasminée...

On apprend à lire, à écrire, à manger : personne ne nous apprend à sentir ! Le sens olfactif est celui qui est le plus développé chez l'homme. L'odorat est source de plaisir, c'est une fonction d'une grande sensibilité qui inspire les comportements sensuels.

Le parfum de l'amour, l'arôme du vin... Ils sont enregistrés intellectuellement en pénétrant par le nez et la bouche. Les bases de jugement en cette matière passent par l'éducation sensorielle, art que chacun peut enrichir de ses propres convictions. L'odeur a une valeur d'évasion comparable au plaisir d'une musique ou d'une peinture qui vous ouvre les portes de l'intimité partagée. Qu'y a-t-il de plus évocateur qu'une odeur pour vous faire revivre de merveilleux souvenirs ? Un parfum qui passe, et c'est le souvenir d'un homme que vous avez aimé, c'est la vision furtive de son charme, de son sourire. Ah ! « Pour un homme » de Caron, que de rêves en ton nom !

Certaines femmes sont comme les parfums : après un certain temps, elles « virent » et se démodent...

Choisir un parfum, c'est beaucoup plus difficile que de choisir une robe : il va faire partie de vous, vous coller à la peau, exprimer qui vous êtes, ou qui vous voudriez être.

Là encore, vous ne pouvez porter un parfum remarqué sur une autre femme : pour ne pas avoir de déception et afin d'être sûre qu'il vous a adopté, testez d'abord celui qui vous plaît durant deux ou trois jours, avec un échantillon que vous demanderez dans votre parfumerie. À cause de tous ses composants, des différents mélanges de fleurs avec lesquels il a été élaboré, votre nouveau complice doit s'adapter au genre de votre peau, grasse ou sèche, à son acidité, à son profil – lisse ou rugueux – et, surtout, à l'importance de votre transpiration qui déterminera s'il « tient » sur vous ou non.

Sur certaines peaux, pour de mystérieuses raisons, il « tourne », comme un lait caillé. Sur d'autres, il perd toute sa fragrance. Il y a des parfums qui vous donneront de furieuses démangeaisons, d'autres qui vous feront éternuer, comme si vous aviez le rhume des foins... Mais lorsqu'il se love sur vous, que, sans vous envahir, il vous protège d'un nuage délicieux, que l'homme de votre vie vous regarde différemment et que votre collègue de bureau trempe subitement son sourire dans l'acide, alors, vous avez gagné, vous avez trouvé « votre » parfum !

Sur quelle partie du corps devons-nous le déposer ? « Sur toutes celles où vous voulez être embrassée », diront les hommes...

On dit que les blondes choisissent plus volontiers des senteurs florales, que les brunes optent pour ce qui est capiteux et que les rousses aiment les parfums poivrés et poudrés. C'était vrai dans un temps où l'on n'aurait pas imaginé Sarah Bernhardt choisissant une eau de caporal, sauf pour jouer « l'Aiglon », dans un temps où la couleur des cheveux était le plus souvent naturelle... Je remarque plutôt l'évolution des *goûts* et le fait que, à notre époque, on se parfume selon son mode de vie : une petite jeune femme sportive choisit souvent une eau de toilette un peu masculine, une élégante très féminine s'écarte rarement des grands classiques, tandis que la charmeuse opte pour les senteurs à base de tubéreuse, de jasmin ou de muguet, la mystérieuse pour un vinaigre de toilette.

Voulez-vous une petite recette, très en vogue au XIIIe siècle ? Cela s'appelle « parfum pour se faire aimer » : prendre la moelle du pied gauche d'un loup. En faire une pommade avec de l'ambre gris et de la poudre de Chypre. Puis la faire fleurer à la femme « qui vous aimera de plus en plus ».

Quant à moi, j'en ai une autre, infaillible pour rendre jaloux l'homme que vous voulez séduire : dans votre salle de bains, laissez traîner un flacon bien entamé d'une eau de toilette masculine... Les réactions ne devraient pas se faire attendre !

Histoire vécue :
un amour de pleine mer...

Mon mari étant un grand navigateur, je m'intéresse au yachting depuis longtemps. Lorsque je vais à Quiberon, c'est toujours avec enchantement que je regarde évoluer, de ma petite maison de pêcheur, les navigateurs de la Transatlantique. Il y a plusieurs années, on m'avait demandé de venir à La Trinité-sur-Mer remettre au vainqueur de cette course la coupe tant convoitée. Je n'avais pas envie d'y aller seule, et emmenais avec moi Karine, mon esthéticienne favorite. La trentaine, un mètre soixante-dix, brune aux yeux verts, mince comme une liane, faite au moule, affichant des muscles lisses tout en longueur, cette pétillante championne de ski nautique alliait féminité et séduction à une santé de fer due à l'air de la mer qui lui était, disait-elle, vital pour se sentir bien dans sa peau : on n'en doutait pas en voyant sa jolie bouche toujours prête à éclater de rire et ses cheveux parfaitement soignés. Karine était évidemment très courtisée... Douée pour son métier, célibataire et ne croyant pas au Prince charmant, elle ne pensait qu'à travailler dur pour monter son propre institut de beauté et former de jeunes esthéticiennes.

Cette année-là, le vainqueur des régates était un garçon que je connaissais bien, mais pour qui je n'avais pas une sympathie débordante : j'appréciais ses qualités de grand marin, mais son côté perpétuellement « mal embouché » me faisait comprendre pourquoi navigateur et solitaire sont souvent synonymes. Cela n'affectait en rien la réputation de « tombeur » du bel athlète, ni une certaine supériorité qu'il affichait envers la gent féminine, d'autant plus évidente que les plus jolies jeunes femmes se pressaient autour de lui. Je savais Loïc plutôt timide, et simplement maladroit, ne se sentant pas en sécurité avec les femmes : sa partenaire favorite était la mer, il n'avait que peu de temps à perdre avec les autres.

Nous étions là pour célébrer cette victoire, et je chargeai donc Karine de remettre à notre marin la classique gerbe du vainqueur qui, dans les bras de ce géant, faisait figure de bouquet de violettes. Le sourire inhabituel que Loïc essaya d'esquisser en le recevant m'alerta immédiatement : pouvait-il être touché au cœur ? Instantanément, il se débarrassa des fleurs en les rendant à Karine : « Elles vous vont beaucoup mieux qu'à moi », lui dit-il. Dispensée de sa tâche, la jeune femme le quitta sur un signe amical de la main, pour rejoindre ses amis invités au cocktail. Amusée, je suivis l'œil de Loïc rivé sur la chute de reins de ma jeune amie : elle portait une robe de cotonnade dont les bretelles croisées bas dans le dos révélaient une appétissante peau bronzée. On le sentait prêt à passer à l'abordage. À la ville comme à la mer, il n'hésitait pas à hisser le spinnaker, bien que, ce jour-là, pour le champion, le vent ne semblât pas souffler dans la bonne direction, à en croire le total désintérêt de Karine à son égard...

Connaissant la réputation du matelot (j'ai su, bien après cette mémorable journée, qu'elle l'avait trouvé tout à fait à son goût), elle réagit exactement comme il le fallait : elle l'ignora complètement. Le poisson était ferré. Je constatais avec surprise que ma jeune amie connaissait parfaitement la technique de la feinte indifférence...

Quelques jours plus tard, accoudée à la fenêtre, j'aperçus à la barre d'un superbe voilier non plus notre navigateur solitaire, mais un nouveau skipper qui n'était autre que Karine. Ma première réaction fut de penser, une fois de plus, qu'il ne faut jamais se jeter à la tête d'un homme : on n'attrape pas les célibataires en tombant dans leurs bras !

Je n'avais pas suivi de près le roulement des vagues, mais je viens de recevoir un faire-part : Désirée, trois mois, m'annonce le mariage de ses parents, Karine et Loïc. Joli nom pour un bébé dont la maman avait su, elle aussi, si bien se faire désirer !

L'AUTOMNE, ÂGE D'OR...

Attaquez avec optimisme l'automne de votre vie ! Vous avez la chance de pouvoir profiter de progrès qui n'existaient pas lorsque votre mère avait votre âge.

Les convictions de Nadine

- De ta vie bilan feras et ton avenir regarderas.
- Nouveau métier peut-être prendras, nouvelles jeunesse envisageras.
- Ton mari dorloteras ou ton mari rattraperas.
- Si ton mari ne t'entend pas, ton avocat, lui, le fera !
- De tes enfants attendras la descendance que chériras.
- Ici-bas de t'occuper de tes parents n'oublieras pas.
- Ton visage étudieras aussi longtemps qu'il le faudra !

- De ton plasticien ton confident feras et tra la la...
- Mais tes rides assumeras et amies sincères en feras.

C'est merveilleux comme le temps passe!

18 avril : ce soir, je vais fêter mes cinquante ans! Dans la voiture qui nous emmenait chez notre ami Pierre qui avait organisé un superbe dîner, la réflexion de mon mari arriva comme un cheveu sur la soupe : « Tout le monde me dit que tu as eu une vie extraordinaire. » Je partis d'un grand éclat de rire et lui répondis : « Si toi tu ne le sais pas, qui donc le saurait? » « Pourquoi n'en ferais-tu pas un livre? » rétorqua-t-il. Cela n'était pas tombé dans l'oreille d'une sourde, d'autant plus que je venais d'avoir à peu près la même conversation avec la princesse Grace de Monaco, qui se baignait tous les jours au Club Foch, dont je suis la présidente. Elle avait décidé, avec nostalgie peut-être, qu'elle ne reviendrait jamais au cinéma, mais elle avait envie d'écrire. Nous avons parlé de « savoir-vivre ». « C'est un sujet pour vous, Nadine », me disait-elle, tandis que nous expiions notre bon déjeuner par quelques brasses supplémentaires...

L'idée de redémarrer une vie d'actrice par

littérature interposée me séduisait au plus haut point. Vous connaissez la suite. Ce qui fut dit fut fait : je rassemblai ma vie année par année. Le temps de la femme au foyer était révolu : j'allais redécouvrir les plumes et les paillettes qui m'avaient valu mon titre de baronne. Nouveau défi, nouveau challenge : *La baronne rentre à cinq heures* fut tiré à des centaines de milliers d'exemplaires, traduit en sept langues, et suivi par d'autres ouvrages.

À plusieurs reprises, je me suis posé la question : pourquoi le succès de tous ces livres ? Parce qu'il y a un sujet que je connais par cœur, c'est celui de la femme. Et que, pour bien parler des femmes, il faut connaître les hommes, à commencer par celui avec lequel vous vivez. Si vous êtes mariée depuis trente ans, c'est que vous possédez les nerfs d'acier nécessaires à la femme avisée.

Soyez fière de vous : s'il vous a épousée pour votre beauté, il vous a gardée pour votre tête. Même s'il donne parfois des coups de canif dans votre contrat de mariage, sachez être diplomate ! Il y a des questions qu'il vaut mieux laisser sans réponses.

La vengeance n'adoucit pas la douleur, au contraire, elle l'entretient.

L'amour et les dossiers ne font pas bon ménage : il est préférable de pardonner plutôt que de divorcer. Cela demande beaucoup de générosité, mais moins de formalités.

Constatation : on est convoitée lorsqu'on est la femme de quelqu'un, mais lorsqu'on se retrouve seule, on n'est plus qu'une dangereuse inconnue.

Petit poème...

Elle regarde le calendrier...
20 janvier...
Cela te dit quelque chose ?
20 janvier... 20 janvier ?
Mon Dieu, comment as-tu pu oublier !
C'était... tu t'en souviens ?
Le jour où nous nous sommes mariés...
Oh ! il est si loin ce 20 janvier...
D'autres dates l'ont balayé :
4 mars, notre enfant est né
20 juin, nous devions nous séparer
15 août, tu t'en es allé
3 septembre, tu es rentré...
10 octobre... Tu ne le sais pas ?
10 octobre, mais souviens-toi !
Ce n'était sûrement pas important
Ce 10 octobre
Ah oui ! Pour t'oublier, j'avais pris un amant.
Tu vois, je te disais : ce n'était pas important !

Acte manqué

Connaissez-vous l'histoire de Sacha Guitry, tâchant d'élaborer une lettre de rupture pour une petite femme dont il s'est lassé ? Tournant autour de la feuille blanche, en essayant, pour une fois, de trouver les mots qui ne feront pas de peine, il lui écrit ceci :

Ma chère Renée,

Tout est de ma faute ! J'ai mauvais caractère et suis un être impossible, habité tout d'abord par la passion de mon métier. Je ne puis continuer à gâcher ta vie, à te faire des promesses que je suis incapable de tenir, à ne plus voir que des larmes sur ton joli visage. Prenons une décision qui déchire mon cœur, mais qui est celle de la raison : quittons-nous. Je prends ta bouche une dernière fois. Sache, ma chère Jeanine, qu'à ma manière je t'aurai beaucoup aimée.

Sacha.

Cette anecdote m'en a rappelé une autre : Myriam C. me téléphone en larmes. « Mon mari est en voyage, et il vient de m'envoyer un petit mot. Je te le lis : “ Ma chérie, j'aurai deux réunions importantes après le congrès que tu sais, et rentrerai un jour plus tard que prévu, mais le plus rapidement possible, avec l'envie de passer avec toi une soirée aussi merveilleuse que celle de la semaine dernière à Blois. Ces tête-à-tête que nous arrivons à voler à nos multiples obligations sont les jardins secrets qui me ressourcent et me donnent le punch nécessaire à cette vie de fou. Toute ma tendresse est avec toi. À jeudi. André. ”

– Mais pourquoi pleures-tu ? lui demandé-je, interloquée. Toutes les femmes rêvent de recevoir de leur mari un petit billet aussi délicieux !

– Nadine, je ne suis jamais allée à Blois de ma vie », répond Myriam entre deux sanglots...

Constatation : l'amour c'est comme la Bourse, nos actions baissent ou montent sans raison apparente.

Si j'étais Gillot-Pétré, je pronostiquerais...

Votre automne sera pluvieux ou ensoleillé. Durant la seconde partie de votre mariage, souvent tout bascule : apparition de nuages et kyrielle d'orages. C'est à ce moment que surgissent les prophètes du malheur : avant, ils guettaient les craquements de votre grand lit, maintenant, c'est l'éboulement de votre ménage qui les intéresse ! Normal. Ils prédisent que l'automne sera chaud. Et aride. Mais, les pauvres, ils ne savent pas qu'en matière de météo votre talent est de naviguer à vue ! Malgré

vents et marées
Au loin déjà (peut-être) *la mer s'est retirée*
Mais toi comme une algue
Doucement caressée par le vent
Dans les sables du lit
Tu remues en rêvant.

Tant pis pour eux et tant mieux pour vous si vous préférez Jacques Prévert à leurs potins : fermement, vous prévoyez votre hiver très ensoleillé.

Voilez aussi les rides de votre cœur

Où allons-nous ensemble, rêve ou cauchemar ?

L'amour peut-il survivre au quotidien ?

Est-on toujours amoureuse de son mari à l'automne de ses jours ?

C'est l'époque des bilans, on a peint sa vie comme une aquarelle, mais avons-nous su y mettre les couleurs éclatantes du bonheur, ou ne reste-t-il que le gris et le noir des ciels qui marquent l'approche de l'hiver ? Chaque geste a compté, on ne peut maintenant rien effacer ni revenir en arrière.

Laquelle d'entre nous, d'ailleurs, pourrait me réciter par cœur les articles 212, 213, 214 et

215 du Code civil ? Laissez-moi vous les remettre en mémoire :

Art. 212 : « Les époux se doivent mutuellement fidélité, secours, assistance. »

Art. 213 : « Les époux assurent ensemble la direction morale et matérielle de la famille. Ils pourvoient à l'éducation des enfants et préparent leur avenir. »

Art. 214 : « Si les conventions matrimoniales ne règlent pas la contribution des époux aux charges du mariage, ils y contribuent à proportion de leurs facultés respectives. »

Art. 215 : « Les époux s'obligent mutuellement à une communauté de vie. »

Les paroles de Monsieur le maire vous rappellent-elles quelque chose ?

Je regrette que l'article 216 ne mette pas résolument en garde contre la concurrence dans le couple ! Peu d'hommes supportent cette compétition, que ce soit sur le plan professionnel ou sportif. Si on ne les laisse pas gagner, c'est l'échec assuré ! Là, ils peuvent sortir de leurs gonds et faire payer très cher le résultat de l'exploit qu'ils auraient voulu s'attribuer. Combien de fois, au Mont d'Arbois, ai-je dévalé des pistes avec des couples amoureux en haut du remonte-pente ! Renversement de la situation, à l'arrivée, lorsque la femme rayonnante attendait son mari... Avec ce genre d'hommes, à moins qu'ils n'aient épousé sciemment la championne de ski que vous êtes, il faut savoir perdre avec béatitude...

Je me souviens d'un spectacle exceptionnel dans la Cour carrée du Louvre illuminé, il y a quelques années. L'affiche réunissait Margot Fonteyn et Rudolf Noureev, devant un parterre formé des femmes les plus élégantes de Paris. La soirée fut un enchantement, et les ovations rappelèrent les danseurs des dizaines de fois sur la scène. Avec toute la grâce dont il était capable, Noureev saluait, tenant du bout de ses doigts ceux de Margot Fonteyn : les applaudissements redoublèrent. Rentré en coulisse, le couple fut à nouveau réclamé : Rudy revint, salua. Applaudissements. Puis Margot esquissa une subtile révérence : hurlements du parterre. Noureev, fou de rage, n'y tenant plus, l'entraîna d'un geste violent derrière la scène, et revint saluer seul... Bien qu'il fût le plus grand danseur du monde, et Margot Fonteyn plus âgée que lui, il n'avait pas supporté le succès de sa camarade ! Cet exemple m'a fait réfléchir, une fois de plus, sur l'humilité et la discrétion que les hommes attendent de nous : si, par hasard, nous devons briller, notre seule excuse est de les mettre encore plus en valeur...

Durant ce long parcours, les centres d'intérêt évoluent, tout comme nos relations avec celui qui les partage, même s'il y a dans le couple une complicité profonde : si nous sommes restés ensemble, nous aimons voir notre compagnon plus réservé, d'autant plus qu'il est délicat de parler sexualité après cinquante ans : on peut faire l'amour, mais on n'en parle pas. C'est comme la mode, il y a une manière de déshabiller son corps comme il y en a une d'habiller son cœur. Vous avez besoin de plus d'intimité, c'est pourquoi, dans vos émotions, vous vous sentez plus à l'aise avec vos amies femmes qu'avec « lui ». Il n'y a qu'avec des femmes que l'on peut échanger des propos très intimes, très personnels, que ce soit sur le plan de la vie amoureuse, de la famille ou de la santé. Aucun homme ne supporte qu'on lui parle de maladie. De la même manière qu'il se désintéressera d'une compagne déprimée ou angoissée, vous n'aurez pas envie de discuter avec lui d'une rencontre qui n'aurait pas dû vous émouvoir.

D'un autre côté, vous pouvez enfin projeter ensemble des tête-à-tête que vous n'aviez pas eu le temps d'envisager auparavant, des voyages, l'installation d'une maison de campagne, prétexte à rassembler enfants et petits-enfants. Tout simplement, le temps est venu de se regarder vivre avec sérénité.

S'assembler pour régner...

Le grand ennemi de l'intimité de notre couple est l'ennui. Autour de vous, vous remarquerez que les ménages de longue date les plus épanouis sont en fait des « équipes », généralement dirigées par le choix du mari. L'épouse, suit le mouvement : le boucher et la bouchère, l'hôtelier et l'hôtelière, le chef de clinique et son assistante, parfois la productrice de cinéma et son acteur de mari ; en revanche, peu de couples du monde politique... Ils ont souvent acheté ensemble et fait fructifier un fonds de commerce ; ensemble, ils ont vécu joies et déceptions : ils ont toujours tout partagé, ils n'ont jamais songé à se quitter, mais pour certains, lorsqu'ils osent l'avouer, il y a un lien plus fort que l'amour et l'habitude, c'est celui de l'argent.

Pédaler en tandem...

Lorsque l'épouse ne travaille pas, « l'équipe » peut aussi être sportive ou partager le même hobby : les tournois de golf font suite à ceux de bridge ; on court ensemble au Festival de Salzbourg ou à l'arboretum des Barres. Ce bon couple-là vit paisiblement, sans se chercher des poux dans la tête : « C'est si confortable, un vieux mari ! » constatent certaines de mes amies. « On connaît sa pointure ; avec lui, ce sont des pantoufles dans lesquelles on est bien... » Après avoir écouté beaucoup d'analyses de ce genre, ma conclusion est que les intérêts communs que l'on a établis ont aidé à transformer en respect, en estime et amitié amoureuse le grand amour de sa vie : traverser la vie avec le même homme est une bénédiction.

... Ou prêcher pour sa paroisse!

D'autres, tels les loups, célibataires ou divorcées, optent pour une trajectoire différente : « Il faut avoir de vieux costumes et des hommes nouveaux », assurent-elles cyniquement, partant du principe qu'il y a toujours un couvercle pour un pot. Ces femmes-là ne se sentent guère proches de la fin du trajet, et, constatant que les souffrances sentimentales ne sont pas remboursées par la Sécurité sociale, préfèrent attaquer plutôt que de subir. Oubliant volontairement que la pendule tourne aussi pour elles, elles choisissent de vivre avec un chevalier servant, quitte à être le « patron » dans la maison et à jouer le rôle de chef de famille : si elles ont une position bien assise, l'époque le leur permet... Elles sont toujours formidablement soignées, et savent qu'une femme épanouie est toujours plus belle aux yeux d'un homme qu'une femme trop liftée : lorsqu'elles apportent des « améliorations » à leur beauté, c'est d'une façon très discrète.

Elles mènent leur barque de la manière qui leur convient : elles ont choisi un homme qui leur plaît, les distrait, les fait rire, pour son sourire et son charme un peu fou, et le plaisir qu'elles trouvent dans ses bras ; un homme qui leur relate autre chose que les problèmes de son conseil d'administration. Il a souvent un métier artistique, est un peu bohème, et ne sait prendre aucune décision. Il ne choisit pas les lieux des vacances, ignore les tarifs des hôtels, mais il est Prix Nobel des loisirs : il les emmène à la Feria de Nîmes après avoir réservé l'unique suite de l'hôtel du Cheval Blanc, connaît les bistrots de charme des lieux les plus reculés, les pièces à voir au café-théâtre, et le plan des brocantes du week-end. Il est, de plus, le premier aux fourneaux lorsqu'ils reçoivent des amis. Jamais à l'heure, il rate une fois sur deux un train ou un avion, avec, évidemment, un passeport périmé. Toujours de bonne humeur, ignorant la jalousie, il est très fier de la réussite professionnelle de sa compagne. Avec lui, elles ne s'enrichissent pas beaucoup, mais elles s'amusent. Comme Liz Taylor, elles donnent des briques à leur maçon...

Ils s'aimeront à la vie, à la mort, mais comme rien n'est définitif dans les choses humaines, dernier détail : il ne s'agit pas toujours du même homme !

Décidément, je me sens l'âme poétique, pour ce chapitre...

L'amant sans visage
L'amant d'une nuit
Nuit d'adultère
Nuit sans lendemain
Nuit volée
Nuit de toute une vie
La plus belle pour aimer...

Attention au langage qui vous marque plus que les rides !

Même s'il n'y a pas d'âge pour ne pas dire son âge, surveillez vos propos si vous avouez ne frôler que la quarantaine : oubliez définitivement vos traumatismes liés aux bombardements, la Juva-quatre de vos dix-huit ans, ou votre premier tailleur New-Look ! « C'est bath ! » est complètement périmé depuis une trentaine d'années, tout comme « c'est badour ! » ou « chiche que ». Ne considérez pas non plus vos amies comme des « pépées », des « nymphettes », voire des « boudins » et oubliez que ce sont « des petites femmes épatantes ». En revanche, le modernisme à tout prix n'est pas forcément de bon ton : dire « mon mec » n'est pas idéal pour une jeune fille de vingt ans, mais impossible dans la bouche de celle qui en a cinquante... Je vous le rappelle : « l'école est finie », allez jouer dans la cour des grandes !

Faites confiance à la vie, la vie vous sourira

Adieu futilité ! Adieu banalités ! À cinquante ans, sans relâcher (d'une journée !) votre vigilance, vous devez récolter le fruit du capital séduction emmagasiné depuis des années. Soignez-vous, mais sans devenir hypocondriaque. Les médecins sont là pour vos bilans de santé, mais ce n'est pas leur métier de vous trouver une nouvelle identité. Vous n'avez pas besoin non plus de passer votre temps chez les voyantes... Trois mots clés sont dorénavant les vôtres : curiosité, générosité, gaieté. Et souriez : la jeunesse est dans le regard, c'est pour cela qu'il faut sourire. Personnellement, je trouve toujours suspectes les femmes qui ne rient pas ou qui rient trop fort... Gardez, si vous y tenez, votre sourire de salon pour les manifestations officielles auxquelles vous ne pouvez échapper (mariages, baptêmes, remises de décoration...), et dans la vie que vous avez choisie de mener, souriez librement, dès que vous en avez envie !

Être vous-même ne veut pas dire vous laisser aller, mais continuer à vous regarder bien en face et, quelles que soient vos conclusions, à travailler cet atout incontestable qui ne vous fera jamais défaut : votre célèbre charme ! La voix, on ne le dira jamais assez, en fait partie : personne ne supporte les voix stridentes, les hommes y sont particulièrement sensibles. Combien d'entre eux, à l'époque où les téléphonistes existaient encore, sont tombés amoureux en demandant le 22 à Asnières à une voix chaude ou chantante qui les faisait immédiatement fantasmer, sans savoir quel visage était au bout du fil ! Combien ont eu de grosses... grosses déceptions, quand enfin ils ont obtenu un rendez-vous avec leur sirène ! Votre voix révèle également votre jeunesse de caractère : travaillez à ce qu'elle soit le miroir de votre paix et de vos joies intérieures.

Dans le domaine vestimentaire, luttez contre le ridicule, car vous savez que l'élégance est le non-paraître : côté coiffure et vêtements qui tuent, n'en faites pas trop ! Oubliez les chouchous rouges, les tee-shirts Mickey et les caleçons fleuris, les minijupes et les socquettes. Et surtout, ne vous « boudinez » pas dans vos vêtements ! Adoptez un nouveau style, plus classique, et tenez-vous-en là. Étudiez un joli chignon en harmonie avec l'ovale de votre visage, et n'oubliez pas que, dorénavant, les robes montantes vous iront certainement mieux que les grands décolletés. Si l'on se retourne sur vous dans la rue, tâchez que ce ne soit pas pour votre ridicule... Vous connaissez l'adage impitoyable des collégiens : « De dos, le lycée, de face, le musée ! »

Votre ego vous comble. Mais que faites-vous de votre beauté ?

Depuis combien de temps ne vous êtes-vous pas regardée dans la glace ? Chaussez vos lunettes, s'il vous plaît, et faites le point !

Ne serait-ce pas le bon moment pour votre nettoyage de peau ?

Certains instituts de beauté ont maintenant mis au point des soins « anti-âge » pour le visage : je vous conseille vivement de les tester.

Vos cheveux sont-ils bien coupés et votre teinture est-elle parfaite ?

Vos dents sont-elles en harmonie avec votre sourire ? N'avez-vous pas oublié votre détartrage ?

Côté manucure, vos mains sont-elles soignées, et votre vernis, si vous en portez, toujours irréprochable ? Et les ongles de vos pieds ? Oseriez-vous enlever vos souliers en public ?

Tenez-vous droite !

Petits trucs

Voici une formule à appliquer tous les quinze jours, afin de garder un teint clair : achetez chez le pharmacien des capsules de Toco 500, et un tube d'argile verte dont vous prélèverez la valeur de deux cuillerées à soupe. Mélangez avec le contenu de 2 capsules. Appliquez sur le visage et le décolleté. Laissez agir une demi-heure. Enlevez à l'eau tiède, rafraîchissez votre visage et votre cou d'une eau de bleuet. Posez une crème hydratante : magique !

Vos ongles se ramollissent et se dédoublent ? Offrez-leur, une fois par semaine, un bain d'huile d'olive tiédie additionnée de 3 gouttes d'iode blanche : ils reprendront toute leur vigueur.

Profitez d'une promenade à la campagne pour vous procurer du lait de jument : à Megève, ma voisine, la célèbre collectionneuse Dominica Walter, m'avait certifié que l'une de ses recettes de beauté provenait directement du lait de la ferme. Comme Agnès Sorel, vous vous en servirez pour entretenir l'élasticité de votre peau. Le lait de jument est le plus proche de celui de la femme, et contient des enzymes naturels, des ferments très actifs contre les rides et les affections allergiques.

Maquillez-vous toujours légèrement, et n'utilisez jamais une poudre plus foncée que votre peau. En revanche, si vous trouvez que votre menton « tombe », estompez-en légèrement le dessus avec un blush marron foncé.

Connaissez-vous la recette pour retarder l'arrivée du double-menton ? Préparez le mélange suivant : 1/3 de tasse de vinaigre, 2 cuillerées à soupe de gros sel, 2 cuillerées à soupe d'alcool camphré. Imbibez-en un linge, et appliquez-le aux endroits critiques, par petites claques.

Si ça ne marche pas, portez des cols roulés !

Connaissez-vous la gymnastique faciale ?

Ce sont des « grimaces de beauté » qui raffermissent les muscles du visage beaucoup mieux que n'importe quelle crème miracle ! Ma cousine suédoise, Ute, les effectue très sérieusement depuis vingt ans, et je dois reconnaître que, grâce à ces exercices stimulants, elle a toujours l'air reposé.

En prélude à cette gymnastique, vous pouvez effectuer un bain de vapeur de visage (cela vous rappellera les bonnes vieilles inhalations de votre enfance...) : dans une casserole contenant deux litres d'eau bouillante, faites infuser un mélange de camomille, sauge, thym, lavande et eucalyptus. Couvrez votre tête d'une serviette, attendez cinq minutes et rincez à l'eau froide.

Avant que les rides de vos lèvres ne se forment définitivement, essayez cet exercice : gonflez votre bouche, et, comme si vous vouliez loger une pomme dans vos joues, faites passer l'air alternativement de droite à gauche (dix fois de suite). Et cet autre exercice pour la bouche : prononcez alternativement X et O en forçant bien sur les maxillaires.

Faites les yeux ronds ! Ouvrez-les le plus grand possible, tandis que la pupille en fera le tour (dix fois de suite, une fois à l'envers, une fois à l'endroit). Répétez le même mouvement, yeux fermés.

Travaillez les muscles de votre cou : mâchoire serrée, avancez menton et lèvre inférieure, comme si vous vouliez ressembler à un australopithèque... (dix fois de suite).

Pour garder ferme votre menton : levez les yeux vers le plafond, tout en tournant la tête au maximum vers la droite. Comptez cinq secondes, puis revenez face au miroir et effectuez le même mouvement en tournant au maximum vers la gauche (cinq fois de chaque côté).

Mon professeur de chant, qui était la petite-fille du compositeur Liszt, me faisait aussi prononcer dix fois de suite « pruneau cuit, pruneau cru », en insistant fortement sur les R !

Occupez-vous de vos fesses !

Je ne vais sûrement pas vous laisser dans l'idée que l'on ne regarde plus que vos yeux ! Vous savez bien que, lorsque les hommes vous parlent hypocritement de « votre superbe silhouette », cela veut dire, en langage décodé, que, de face, vous êtes toujours « une femme de beau corsage », comme disait ma grand-mère, et de dos... telle une jument de concours, que la balance et le galbe de votre postérieur sont parfaits. Oui mais... cela aussi s'entretient. Hue dia!

Fesses molles et petit bedon marchent souvent ensemble : une fois de plus, grâce à certaines petites contraintes dont vous pourrez vite prendre l'habitude, vous continuerez à ressembler aux James Bond girls :

Oubliez les ascenseurs et montez les escaliers sur la pointe des pieds, pour faire travailler vos muscles fessiers.

Marchez dans la rue plus lentement, en « serrant les fesses » et ce, assidûment, dix minutes par jour, ainsi que s'y est accoutumée la toujours superbe Claudine Auger.

Essayez tous les matins ce petit exercice très simple : allongez-vous sur le dos, pliez les genoux et prenez vos chevilles dans vos mains. Les épaules collées au sol, soulevez dix fois de suite le bassin en contractant les muscles fessiers, tout en respirant fortement. C'est bon aussi pour votre dos.

Ayez les fesses douces! Tout comme votre visage, elles ont besoin de soins : frottez-les à la luffa, et si, de ce côté-là, vous avez la peau un peu grenue, offrez-leur un gommage avec une crème exfoliante avant de les masser avec un lait hydratant, ou avec de l'huile d'olive.

Le jogging des paresseuses

Même si vous n'êtes pas – ou plus – sportive, il faut absolument vous imposer un minimum d'exercice pour vous maintenir en forme : vos muscles, vos articulations tout comme votre souffle le demandent. Mis au point de l'autre côté de l'Atlantique, le jogging aquatique, qui a maintenant ses adeptes en France, est une discipline à découvrir. Contrairement au jogging sur terre qui coupe le souffle et tasse les vertèbres, l'efficacité de celui-ci, tout en douceur, se fait sentir grâce au travail effectué en apesanteur. Mis au point dans les années soixante-dix par un entraîneur des fameux « marines », il est maintenant adopté par les sportifs professionnels et les astronautes de la Nasa.

Il s'agit de « courir » dans l'eau en pratiquant certains exercices en état de flottabilité, sans avoir pied, mais la tête hors de l'eau. Équipée d'un gilet ou d'une ceinture qui permet de se maintenir à la verticale, munie d'haltères et de bracelets appropriés autour des poignets et des chevilles, vous apprendrez à courir « au ralenti », tout en effectuant, sans mal, un efficace travail musculaire. Grâce à cette technique, les efforts se font d'une manière plus progressive et moins brutale et se répartissent sur l'ensemble du corps.

Le jogging aquatique est un sport délassant, qui agit sur la circulation du sang. Avec les exercices effectués, en particulier sur les jambes, il vous aidera à retrouver un ventre plat et à redresser votre dos.

Si j'ai réussi à vous convaincre, pourquoi ne pas décider à votre tour une cousine aussi courageuse que vous, et tenter, à deux, cette croisade du bout du siècle ? C'est tellement plus amusant ! L'émulation aidant, très vite, vous ne pourrez plus vous passer de cette demi-heure hebdomadaire de sport, que vous compléterez, comme moi, par une demi-heure de natation pure.

MARIE-JOSÉ BOBET : ses initiales sont pour moi synonymes de MIRACLE ! JOIE ! BONHEUR !

Ma « Jouvence de l'abbé Soury », c'est lorsque je vais me ressourcer à Quiberon, au moins deux fois par an, à l'Institut de thalassothérapie de mon amie Marie-José Bobet : j'en reviens tonifiée, après avoir respiré à pleins poumons l'air pur de cette côte sauvage battue par les vagues. Quiberon fait partie de mon livret médical : il y a, pour moi, l'eau de Quiberon comme il y a celle du Jourdain ! J'en profite pour faire un « bilan-beauté-diététique », dormir tout mon soûl, reposer mon visage de tout maquillage. Je circule en bicyclette, nage dans la mer dont la température à 16° me donne des ailes. C'est un endroit pour faire de longues marches au soleil couchant. À la cure, les grandes douches d'eau de mer chaude m'apaisent et je me fais masser avec des produits composés d'extraits d'algues marines. Je m'oblige à un nettoyage de peau en profondeur, car c'est le seul endroit où je fréquente l'institut de beauté ! C'est aussi à Quiberon que j'effectue mon bilan de santé annuel.

Le fait d'avoir vécu avec un grand sportif, miraculé par la mer après un accident très grave, a donné à Marie-José Bobet une rigueur et un optimisme que son enthousiasme et sa convivialité naturelle ont transformés en art de vivre. Faire chez elle une cure (personnalisée, qui plus est) veut dire être prise en main, redécouvrir son corps, se faire dorloter, tout en mangeant à sa faim... puisque la cuisine du chef Patrick Jarno, bien que diététique, est adaptée à chacun ! Quiberon est un secret de jeunesse qui aide à anticiper les soucis de santé et de beauté qui nous guettent toutes. Dynamique et déstressante, la cure bouscule notre esprit et nous entraîne à redécouvrir notre corps. Entre bains et massages, j'ai rencontré tous les cas de figure : combien de femmes sont mal avec elles-mêmes ! « J'ai cent ans ! » disent-elles à Marie-José en arrivant. Elles repartent gonflées à bloc : la mer a remplacé la mère...

Il y a des jeunes filles de dix-huit ans qui n'arrivent pas à mincir, d'autres qui sont anorexiques et vont découvrir ce contact avec la nature qui va changer leur vie. D'autres femmes encore sont médicalement bien suivies, mais il leur manque ce grand « quelque chose », apporté tant par l'ambiance du lieu que par la sollicitude des esthéticiennes et diététiciennes qui les initient à un nouveau regard sur elles-mêmes.

Avec Romy Schneider, je pense avoir été une des premières adeptes du Centre de thalassothérapie, dès 1965, année de son ouverture. Trois ans plus tard, inconditionnelle de Quiberon, j'y tombais amoureuse d'une simple petite maison de pêcheur posée sur un rocher battu par la mer : elle est devenue mon refuge, mon jardin secret, dont le seul luxe est le camélia que j'y ai planté. Lorsque les vagues roulent sous les fenêtres, les mouettes harassées se posent dans le jardinet de cet ancien hangar à filets, construit au XVIIIe siècle par un pêcheur qui ne manquait pas de poésie. Sous le toit d'ardoise, les murs semblent encore plus dorés avec le soleil, tout comme les ajoncs du champ voisin dont je prends plaisir à orner la pièce principale de bouquets démesurés. Ma petite maison est motif à chiner tout et n'importe quoi sur les marchés, et je m'y suis fait un décor tout simple et sans prétention : sur un rustique carrelage le sable entre en même temps que mes deux chiens, lorsqu'ils viennent s'ébrouer, au retour de la baignade ; un canapé profond incite à la lecture... qui mène parfois à une imprévisible sieste ; au mur, quelques marines. J'aime bien y demeurer en novembre : les journées sont encore très belles, l'air est iodé à souhait, et la fraîcheur du soir est une bonne excuse pour allumer un feu de bois. Assise devant la mer, j'écris sur mes genoux, et c'est là, tranquille et solitaire, que je travaille à la plupart de mes livres. J'aime Quiberon parce que j'y fais tout ce que je ne fais pas ailleurs : de la bicyclette, le marché, la cuisine... Lorsque le jour se lève, je suis une des premières, sur le port, à attendre l'arrivée des bateaux de pêche, à respirer les embruns, ou, sur la plage, à manger des algues fraîches que je cueille à même les rochers quand la mer se retire. En revanche, contrairement à tout le monde, hélas pour moi, l'air tellement vif, le ressac, ne m'assomment pas, et, là, je suis infatigable !

Lorsque nous décidions, Romy et moi, d'aller nous remettre en forme et « faire notre cure », les tentations du village nous poussaient souvent, je l'avoue, à des incartades que nous n'avions pas officiellement prévues : nous suivions scrupuleusement notre plan de cure et un sérieux régime à l'heure du déjeuner. Mais l'après-midi, nous nous égarions chez Guillaume, sur la place Hoche, pour manger des caramels salés et regarder les vitrines de la

Scotch House, nous interdisant d'y pénétrer avant d'avoir maigri suffisamment pour nous glisser dans de superbes pulls taille 40... Plus tard, nous allions faire le marché et dînions à la maison. Romy m'a appris à mijoter la polenta et le goulasch, tandis que je l'initiais à la blanquette de veau. De quoi parlions-nous ? D'amour et de régimes. « L'amour, c'est la seule vérité », disait-elle en se resservant de ma blanquette... Romy a toujours été à la recherche de la passion pure, mais elle exigeait des hommes une exclusive disponibilité de vingt-quatre heures sur vingt-quatre, raison pour laquelle elle a toujours été malheureuse, ne trouvant jamais parfaits ceux qui tombaient amoureux d'elle.

Quiberon a attiré d'autres inconditionnelles de l'océan : j'ai rencontré Marina Vlady en 1954, année durant laquelle sa carrière se dessinait grâce à André Cayatte qui l'engagea pour *Avant le déluge.* Nous avons toutes deux chanté, joué, dansé. Mais jamais ensemble. Notre amitié a tenu, et nous sommes aujourd'hui voisines à Quiberon.

« La mer guérit les hommes »,

affirmait déjà Euripide il y a vingt siècles, soupçonnant les vertus curatives des oligo-éléments. Et si les Romains furent les précurseurs de nos actuels centres de thalassothérapie, il a fallu attendre bien des lustres avant que les hommes ne trouvent la manière de domestiquer l'eau de mer, cet élément mystérieux engendrant des tempêtes et renfermant monstres et houleuses divinités...

Au XVIIIe siècle, les recherches du docteur Richard Russel, en Angleterre, l'amenèrent à soigner par des bains d'eau de mer et des cures d'air marin ses patients atteints de tuberculose, mais c'est en France, à Roscoff, en 1899, que le premier centre de thalassothérapie fut créé : soixante-six ans plus tard, en vingt-deux jours, Louison Bobet y sera « miraculé par la mer ». Le battage autour de sa guérison l'incita à créer, avec Marie-José, le centre que l'on sait.

Tout comme le sang, l'eau de mer est vivante et ne peut être reconstituée avec des produits chimiques. Hors de son contexte, elle meurt au bout de vingt-quatre heures, ainsi que les animaux marins que l'on essaierait de faire survivre dans une quelconque eau de synthèse. Outre une soixantaine d'oligo-éléments, elle contient un grand nombre de sels minéraux et de vitamines qui interviennent dans ses propriétés thérapeutiques : l'eau salée, qui occupe les 7/10 de la surface du globe, est donc un véritable réservoir de médicaments !

Utilisées fraîches pour les bains de boue marine ou pour les enveloppements qui tonifient la peau, séchées ou lyophilisées, les algues, multi-opérationnelles, rentrent également dans bon nombre de compositions, que ce soit dans les régimes diététiques, les produits amincissants, les savons ou les produits de beauté. Dans un autre genre, on les utilise également comme engrais.

La mer à la maison

Dès l'apparition de l'hiver, je nettoie chaque matin mes *sinus* au sérum physiologique additionné d'oligo-éléments marins, que je trouve, en petits flacons individuels, dans les pharmacies : c'est le meilleur remède préventif contre le rhume !

L'eau de mer stimule le *tissu gingival*, active sa circulation et protège des caries. Si vous n'habitez pas au bord de l'océan, vous pouvez néanmoins vous frotter les dents, une fois par semaine, avec une brosse trempée dans un verre d'eau dans lequel vous aurez délayé deux cuillerées à café de sel de mer. Versez également cette eau dans votre Waterpick.

Et en cas de *mal de gorge*, un gargarisme composé d'un verre d'eau bouillie additionnée d'une cuillerée à soupe de sel de mer sera très efficace.

Si vous sentez vos *jambes* s'alourdir, faites comme Marilyn Monroe et Régine : prenez deux seaux, l'un rempli d'eau chaude, le second d'eau glacée dans laquelle vous aurez encore ajouté des glaçons. Versez une livre de gros sel marin dans chacun d'eux, et trempez-y vos jambes – jusqu'aux genoux – en alternance, pendant trois minutes : les picotements que vous allez ressentir vous assureront d'une bonne circulation. C'est un traitement que je n'oublie jamais de suivre : il me permet de salutaires promenades ! La hauteur des « seaux de fleuriste » est idéale : vous les trouverez en vente dans les jardineries.

Et si votre mari vous offre les *bijoux* de belle-maman, trempez-les dans une décoction d'eau de mer pour enlever les mauvaises ondes !

Une autre solution, avec un sujet tabou : la chirurgie esthétique

Notre rôle est encore et toujours de positiver : savoir vieillir ne veut pas dire refuser les réalités, mais y faire face sereinement. Quelques rides n'empêchent ni le charme, ni le chic, ni le choc, ni le chèque, par ailleurs ! Pour le charme, pas besoin de chirurgien, mais pour les rides... Les femmes ne savent pas toujours évoluer avec leur physique : quand le corps se fatigue, il existe un moyen moins audacieux de le montrer : la féminité ne tient pas au galbe d'une silhouette : c'est un petit je-ne-sais-quoi, l'acceptation de soi, le refus de se conformer à un moule, le refus de tout modèle banal.

Quoi qu'il en soit, soyez honnête avec vous-même : cela fait dix ans que vous tournez autour du pot. C'est le sujet de conversation favori de vos amies, et vous, qui ne vous ménagez pas devant le miroir, vous commencez à vous poser des questions : ce lifting, dont tout le monde parle, vous concerne-t-il ?

C'est en vous-même que vous trouverez la réponse, en fonction de votre état d'esprit, de l'atmosphère dans laquelle vous vivez, du métier que vous faites, de vos rapports conjugaux et des ambitions que vous nourrissez pour votre vie future. Il n'y a pas d'âge pour se plaire, ni pour plaire à l'homme qui vous aime toujours (ou à un autre). Vos rides peuvent être émouvantes, tout comme elles peuvent être un handicap. Si vous vous sentez bien, résistez à la perfidie de votre meilleure amie : ce n'est pas parce que vous avez le même âge, que, vous aussi, devez vous faire « défroisser » ! En revanche, si vous en éprouvez le besoin, le spécialiste sera là, tant pour votre beauté que pour votre moral ! La chirurgie esthétique est devenue formidablement performante, et le praticien saura vous conseiller sur vos réels besoins.

Quelles sont vos motivations ?

Puis-je vous rassurer en vous disant qu'elles ne sont pas originales ? Vous avez en général trois bonnes raisons pour penser à la chirurgie esthétique :

– L'hérédité vous a dotée d'une partie de votre corps qui ne vous plaît pas (nez, oreilles, menton, seins...) ou les quatre à la fois : vous êtes alors concernée par la chirurgie *réparatrice*, si votre défaut n'a pas été éliminé dans votre jeunesse.

– Vous avez un métier pour lequel vous êtes en perpétuelle représentation (comédienne, vendeuse, hôtesse, chef d'entreprise, ou vous travaillez dans un métier de communication...) et, pour plaire, vous devez préserver votre air de jeunesse.

– C'est à cinquante ans que votre miroir vous trahit et l'homme de votre vie aussi : vous vous savez en compétition avec une autre femme, et vous avez peur de perdre votre « ravissant ».

Si l'un de ces cas est le vôtre : allez vite consulter !

Les réflexions des plasticiens

À la veille de l'an 2000, les procédés de la chirurgie esthétique ont évolué d'une manière vertigineuse ! Il y a vingt ou trente ans, il était à la mode de se faire refaire le nez. La perspective de cette intervention – dont le résultat n'était pas garanti à cent pour cent – était psychologiquement très éprouvante pour la patiente, qui allait se trouver « changée », qui ne se reconnaîtrait plus dans la glace... À notre époque, on ne remplace plus son nez comme un chapeau, selon un modèle unique : la rhinoplastie se pratique avec beaucoup de doigté, par touches discrètes effectuées seulement là où il le faut.

Les femmes, plus décontractées, plus critiques aussi vis-à-vis d'elles-mêmes, menant une vie beaucoup plus active, sont plus conscientes de leurs besoins : la curiosité et le battage des médias concernant la chirurgie plastique, la simplification, par les nouvelles méthodes, des interventions elles-mêmes, le fait que les cicatrices deviennent imperceptibles mènent facilement celles qui sont contrariées par un certain défaut chez le praticien. Mais il ne faut jamais oublier que le corps vieillit plus vite que le visage, qu'il n'y a pas de piqûre miracle, et que le litfting le plus réussi du monde n'empêchera jamais l'âge de se traduire par une démarche, ou l'inflexion de la voix : la pratique d'un sport, la gymnastique, sont indispensables pour garder au corps une « allure » de jeunesse, tout comme le fait de chanter fait travailler la respiration... Les femmes s'occupent souvent tard de leur beauté épanouie : leur situation assise, les enfants élevés, elles ont enfin le temps de penser à elles et, entre cinquante et cinquante-cinq ans, viennent, pour la première fois de leur vie, consulter le chirurgien, le plasticien ou le dermatologue. Certaines, en revanche, sont préoccupées très tôt par ces problèmes.

Fait nouveau, elles ont des désirs précis. Sans vouloir à tout prix « rajeunir », elles veulent « être plus séduisantes », et l'on retrouve les mêmes demandes :

– En tout premier chef, l'apparition de rides les préoccupe, et notamment celles du tour de la bouche : un traitement spécial, la dermabrasion, les efface (pour une quinzaine d'années !), sans laisser aucune trace.

– Pour éclaircir un teint fatigué, lorsque le visage n'est pas « abîmé », on pratique un peeling léger : il est la version moderne et plus active du brossage à la luffa effectué au hammam.

– Une femme sur laquelle les régimes, même draconiens, sont sans effet notable voudra mincir. Si elle se découvre « un petit bedon », ou bien si sa « culotte de cheval » l'empêche d'enfiler son jean, ou encore si son menton s'est alourdi, elle optera pour la lipoaspiration. Cette pratique, mise au point il y a une douzaine d'années, fait partie de nos immenses progrès chirurgicaux : avec des canules de deux à quatre millimètres de diamètre au maximum, on retire les litres de graisse superflue. Cette intervention engage mentalement les patientes à se surveiller : la lipoaspiration est généralement suivie d'un amaigrissement notable !

– Elle peut avoir, sur le visage, de petites taches, souvent invisibles pour quiconque, mais qui l'obsèdent, de la couperose ou des vaisseaux sanguins très apparents : des séances de laser auront raison de ces légères imperfections.

– Contre la couperose, le peeling thermal est une des interventions les plus efficaces. Un des meilleurs endroits pratiquant ce soin se trouve en France, à Saint-Gervais, dans le centre où l'on soigne les grands brûlés. À base d'eau ferrugineuse (dont on boit aussi un verre par jour), il s'agit de projections sur le visage au moyen de jets extrêmement fins et puissants qui sclérosent les vaisseaux. Le docteur Pierre Hardy, inventeur de cette méthode, dit que « l'eau agit comme un bistouri intelligent ». Il faut savoir que ce traitement est aussi douloureux qu'infaillible, mais que toutes les peaux ne sont pas aptes à le subir.

– Les top-models et les comédiennes ont mis les lèvres pulpeuses à la mode : on peut aisément élargir des lèvres trop minces par une intervention légère qui ne laisse aucun stigmate. Mais attention aux méfaits du collagène !

– La chute des cheveux est aussi un problème crucial, lié à un déséquilibre hormonal : on les replante un à un aux endroits éclaircis. Ces implants sont parfois une demande de femmes ayant subi un lifting, car c'est le moyen parfait pour en dissimuler les cicatrices.

L'étape supérieure passe par le lifting du

front, des tempes, des yeux ou du visage. À notre époque, les résultats sont spectaculaires, et ces opérations font office de machine à remonter le temps... Néanmoins, elles n'empêcheront pas la peau de continuer à vieillir ! La peau est un capital génétique : sa qualité et sa tonicité sont importantes. Il y a des familles « à bonne peau » qui se remettent très bien en place, comme d'autres, moins bonnes, tout comme certaines femmes ont un corps superbe à soixante ans, tandis que, chez d'autres, il est flétri dès l'adolescence... De toute manière, le mode de vie influence énormément le vieillissement de la peau.

Avant n'importe quelle intervention, le bilan médical à effectuer est obligatoire : NFS VS (numération globulaire), RH (rhésus sanguin), plaquettes, temps de saignement, TCK, temps de coagulation, urée, glycémie, et maintenant LAV 1 (sida). Les patientes sous hormones devront consulter leur gynécologue (et éventuellement arrêter leur traitement hormonal avant l'opération). Les fumeuses devront s'abstenir totalement au moins un mois avant l'opération.

Vérifiez que votre chirurgien est bien inscrit à l'Ordre des Médecins.

Combien ça coûte ?

On note que la clientèle a évolué durant ces dernières années, et que les femmes les plus modestes savent se priver de vacances ou de robes neuves pour s'offrir l'intervention dont elles rêvent, d'autant plus que 75 % d'entre elles le font en cachette de leur mari : elles attendent, pour cela, qu'il soit absent... En cas d'ecchymose ou de cicatrice légère, leur talent pour la supercherie leur fait inventer que la porte de l'ascenseur s'est refermée sur elles, qu'elles ont fait une chute à skis, à moins qu'elles ne soient tombées dans l'escalier...

Un peeling banal coûte de 3 000 à 5 000 francs.

Un peeling thermal, à partir de 2 000 francs, selon les soins médicaux qui l'accompagnent.

Une dermabrasion : de 7 à 8 000 francs.

Un lifting des paupières : de 15 à 20 000 francs.

Un lifting des seins : de 30 à 40 000 francs.

Une rhinoplastie : de 20 à 25 000 francs.

Ceci comprenant le chirurgien plasticien, l'anesthésiste et la clinique.

Voir disparaître les signes du vieillissement est une résurrection de l'esprit et du corps. Cela ne veut pas dire pour autant qu'il faille tomber dans le clone : trop, c'est trop, point trop n'en faut. De nos jours, accepter de vieillir et l'assumer, c'est donner à nos enfants l'image véridique de leur vie à travers nous. La nouvelle force des femmes de l'an 2000 ne sera pas de courir superficiellement après le temps, mais de s'embellir avec lucidité et simplicité.

Le bilan du généraliste

Même si votre santé est excellente, une visite médicale annuelle chez le généraliste est nécessaire, afin de faire un bilan : prise de la tension, vérification du poids, détection de préménopause, prise de sang pour déceler diabète et hypercholestérolémie. C'est maintenant qu'il faut faire surveiller et prescrire un traitement pour éviter l'ostéoporose, celle-ci pouvant provoquer, dix ans plus tard, dorsalies et fractures : les femmes ont tendance à ne penser qu'aux rides de leur visage, elles oublient trop souvent que l'ostéoporose est la ride de leur squelette...

Au CERRAM, centre médical créé par mon mari, la Fondation Nadine de Rothschild se concentre uniquement sur les problèmes de la jeune fille et de la femme (ménopause, ostéoporose et ses dérivés).

Si vous avez tendance à prendre du poids, ce qui arrive après cinquante ans en période de ménopause, le médecin vous conseillera un régime approprié à votre constitution, la base idéale étant (sauf contre-indication à votre cas personnel) le plan alimentaire à mille calories :

Petit déjeuner : 1 œuf à la coque ou au plat (sans matière grasse) ou 50 grammes de jambon maigre ; 1 yaourt nature non sucré ou 100 grammes de fromage frais à 0 % de matière grasse et 20 grammes de pain (1/3 de ficelle).

Déjeuner : 100 grammes de viande maigre ou 150 grammes de poisson ; 300 grammes de légumes verts ou 300 grammes de pommes de terre à l'eau ; salade verte ou crudités nature à volonté, avec vinaigrette allégée ; 1 yaourt ordinaire non sucré ou 100 grammes de fromage allégé ; 20 grammes de pain ; 1 fruit.

Dîner : 100 grammes de viande maigre ou 150 grammes de poisson ou 2 œufs ; 300 grammes de légumes verts ; salade verte ou crudités à volonté avec vinaigrette allégée ; 5 grammes de beurre ou de margarine ; 1 yaourt ordinaire non sucré ou 100 grammes de fromage allégé.

L'important est d'oublier les frites, le fromage gras et la charcuterie trop grasse. Il faut boire au minimum 1 litre d'eau par jour, de préférence en dehors des repas. Un petit verre de vin, thé ou café n'est pas mauvais si le médecin l'autorise. À constater : les fromages à 0 % contiennent autant de calcium que ceux à 40 %. Mais de temps en temps, une bonne choucroute n'est pas interdite, si c'est là votre péché mignon !

Note : si vous avez des mirages de chocolat ou de vanille, pourquoi n'essaieriez-vous pas la recette, toute simple, de mon dessert « trompe-couillon », en battant deux blancs d'œufs avec un pot de 125 grammes de crème de soja parfumée au chocolat ? C'est aussi léger qu'exquis ! Pour éviter le dessert, vous pouvez aussi (au déjeuner seulement) sucer une vitamine C pour vous ôter le besoin de sucre.

Les conseils du gynécologue

Un bilan médical annuel au moins s'impose, afin de rechercher les éventuelles pathologies hormonales liées à votre âge, à la ménopause, à l'insuffisance de progestérone sécrétée. En cas de prise de poids, effectuez un dosage hormonal pour dépister une éventuelle insuffisance thyroïdienne.

Des kystes aux seins peuvent apparaître : c'est la raison pour laquelle il faut effectuer une mammographie tous les deux ans, voire chaque année, en cas d'antécédents familiaux de cancer du sein.

Des kystes ovariens peuvent également se former, provoquant des douleurs pelviennes, voire des saignements intermenstruels.

Des fibromes utérins peuvent être responsables de troubles du cycle. Les règles peuvent devenir irrégulières et provoquer des hémorragies. Le frottis annuel est impératif, afin de détecter toute anomalie.

Courage : on en parle ! Et on fait face...

La cinquantaine est l'époque habituelle de la préménopause, voire de la ménopause. Il faut tout d'abord bien savoir que l'arrêt des menstruations ne veut pas obligatoirement dire ménopause. C'est la raison pour laquelle il faut immédiatement faire un bilan hormonal en cas d'interruption des règles. La préménopause commence souvent imperceptiblement entre quarante et cinquante ans. Elle se traduit par les fameuses « bouffées de chaleur », par des céphalées, de la nervosité, anxiété, fatigue, des vertiges, pertes de mémoire, un engourdissement des doigts et des orteils... selon les cas. Certaines femmes n'éprouvent aucun malaise, et, trop contentes de ne plus avoir à faire face à ces petits soucis mensuels, n'y prennent pas garde, ignorant que, à partir d'un certain âge, trente pour cent d'entre elles manquent de progestérone, cette hormone sécrétée en deuxième partie du cycle. Le traitement qui assurera un avenir harmonieux est alors à prévoir, d'autant plus que la privation d'œstrogènes peut provoquer de brutales modifications des fonctions de la peau : le renouvellement épidermique se ralentit de manière spectaculaire et la qualité des cheveux n'est pas épargnée. Si le traitement de substitution est d'autant plus efficace sur les femmes qui ont soigné leur peau toute leur vie, il ne faut pas ignorer cet état ni attendre l'apparition subite du « coup de vieux » pour réagir ! On vante toujours les mérites de la vitamine A en crème, excellente, il est vrai, pour les peaux épaisses dont le cou, les mains et le haut du buste sont à soigner. Mais attention ! comme pour le reste, elle n'est pas la panacée pour toutes les femmes. Son application sur les peaux fines peut faire claquer les petits vaisseaux ; elle est donc quelquefois déconseillée en cas de couperose.

Les bénéfices du traitement hormonal sont spectaculaires : plus grande longévité, réduction du risque d'infarctus, taux de cancer moins élevé.

Sans tomber bien sûr dans le phénomène ridicule des Américaines, parfois sujettes à l'anorexie de la ménopause, et qui, frôlant les soixante-dix ans, vous confient dans un chuchotement qu'elles ne sortiront pas ce soir, à cause de leur « indisposition », il est certain que seul le gynécologue saura décider et adapter à chacune la qualité de son traitement hormonal. Il faut en tout cas bien savoir que cette ménopause tant redoutée se domestique aussi facilement qu'un caniche, même s'il faut un peu de patience pour arriver à la mise au point idéale.

Vous pouvez vous sentir « gonfler » : parlez-en à votre herboriste, et demandez-lui de vous préparer cette tisane dont les ingrédients sont traditionnellement utilisés pour faciliter le drainage de l'eau et éliminer les déchets de l'organisme : une part égale de prêle, pissenlit, artichaut et cassis.

Vous avez des bouffées de chaleur ? Ayez toujours un éventail dans votre sac : c'est si féminin !

Ma version anti-coup de pompe

Après toutes ces pérégrinations dans le monde du sport, de la beauté et de la médecine, il faut avouer que nous n'en pouvons plus ! Voici une recette pour vous donner le moral et une bonne raison de continuer.

Mon « pick me up » anti-coup de pompe a séduit bon nombre de mes amies : par petites cures de trois jours, pressez un pamplemousse (ou 2 oranges). Ajoutez à ce jus la valeur d'un petit pois de gelée royale pure, 1 cuillerée à café de miel de lavande et une cuillerée à café de gingembre frais râpé. Mélangez soigneusement. Vous pouvez très bien préparer ce breuvage avant de partir au bureau et l'emporter dans un petit thermos, car vous ne devez jamais le consommer à jeun : buvez-le vers 11 heures du matin. Je tiens cette recette de mon amie chinoise Chun Li, qui elle-même la tenait de sa grand-mère. J'ai fait avec Chun Li plusieurs voyages en Extrême-Orient, à Hong-Kong et en Birmanie, et, durant les nombreuses heures d'avion que nous passions ensemble, nous échangions, entre gourmandes, toutes sortes de petits secrets culinaires, dont certains, que je vous conterai plus loin, sont à des fins plus libertines que ceux-ci...

Parfum, mon doux parfum...

J'ai remarqué que certaines femmes changent de parfum aussi facilement qu'elles changent de mari... Parfums d'amour, parfums de haine, cette valeur sûre en tête de liste de l'arsenal de la séduction peut être une arme à double tranchant. Si Cléopâtre s'aidait d'un tapis de roses enivrantes pour séduire Antoine, la bouillante Joséphine, par vengeance, inondait de musc à l'odeur indestructible les appartements privés des Tuileries, lorsque Napoléon lui annonçait qu'il allait divorcer...

Pour celui qui partage votre vie, ce n'est pas votre parfum qui change, mais la manière dont il le respire. J'ai parfois observé la soudaine hostilité d'un homme à l'apparition d'une femme attendue passionnément : son parfum lui rappelait, hélas ! d'autres amours... J'en ai vu d'autres qui, pour balayer le souvenir ambigu provoqué par leurs itinéraires nocturnes, offraient à des femmes différentes le même parfum... « Opium ! » oh ! « Opium ! » que de ravages as-tu laissés dans ton indestructible et pervers sillage !

D'autres hommes enfin, habités par un unique amour, vous surprennent depuis quarante ans en vous apportant avec la même tendresse, la même constance, cette fragrance qui est la vôtre et à laquelle vous êtes aussi fidèle qu'à votre compagnon.

Votre parfum, c'est vous, et personne d'autre !

« Et vous, Nadine, quelles sont les senteurs qui vous plaisent ? » me demandez-vous souvent. Mon humeur fantasque varie selon les saisons et les lieux où je me trouve. À la montagne et à la mer, il m'est agréable d'utiliser des huiles de bain parfumées aux essences pures. J'aime les senteurs vertes, les vétivers, les mousses de chêne, les lavandes...

En ville, dans la journée, je porte une eau de toilette masculine, comme « Héritage » de Guerlain, mais les grandes nuits parisiennes m'enveloppent d'un nuage d'extrait, pimenté et sensuel.

Durant mes voyages, je ne résiste pas au santal de Birmanie, au jasmin d'Israël, à la rose de Turquie, au tiaré tahitien, ou au musc du Maroc que l'on trouve au plus profond des souks...

Mais rien ne sera jamais pour moi plus voluptueux que la fragrance de « Zibeline », du célèbre parfumeur Weil aujourd'hui disparu. Et pour être totalement chauvine, je dirai : « Vive les parfums français et les champs de roses de Grasse ! »

Un petit conseil : évitez de vous parfumer lorsque, tôt le matin, vous prenez un avion ou un train. La combinaison d'odeurs entêtantes, au débotté, est quasi insupportable, quelle que soit la bonne qualité de votre parfum !

Les plantes ont la cote d'amour

« L'amour se jardine », chantait pudiquement le poète, descendant au potager et au verger pour d'ésotériques cueillettes destinées à une cuisine bien particulière. Il est difficile d'ignorer ces plantes renfermant des vertus toniques incitant aux jeux de l'amour, connues depuis l'Antiquité et utilisées en de stimulantes recettes. Elles furent – et sont – reconnues comme aphrodisiaques, et utilisées avec moins d'innocence que l'on ne le pense. L'Église elle-même les encourageait avec une indulgence bien calculée : la France avait besoin de fils pour élargir ses frontières, et la légende raconte que le « vinaigre saint » composé par saint Faustin, évêque de Lyon, n'avait rien à voir avec le vin de messe de son autel. Mahomet, le prophète des prophètes, n'avait-il pas affirmé qu'un Arabe digne de ce nom se devait d'honorer régulièrement chacune des femmes de son harem, n'oubliant point que la richesse de celui-ci se mesurait d'abord, non pas au nombre de ses chameaux, mais à celui de ses concubines ? Il fallait bien, pour ce faire, quelques potions magiques...

On se demande encore comment Shéhérazade, pendant plus de mille nuits, a su tenir en haleine le sultan Schahriar : c'était non seulement par la singularité de ses contes merveilleux, mais aussi par l'ingéniosité des mets qu'elle lui faisait servir, épicés d'herbes et de fleurs mystérieuses, qui savaient réveiller ses appétits blasés : certaine recette de poulet au gingembre, de couscous étonnamment parfumé, de gâteaux fourrés de miel et d'un petit je-ne-sais-quoi, exaltant tous les sens...

Si vous voulez être la Shéhérazade d'un bel inconnu vous pouvez évidemment aller au cours de danse orientale, ainsi que je vous l'ai déjà suggéré, mais apprenez aussi l'art de la cueillette et fréquentez l'herboriste, sachant que, sous des apparences anodines, vos ingrédients quotidiens peuvent se transformer en feux et flammes, à condition, bien sûr, de les utiliser subtilement !

Le ginseng, dont les vertus sont aussi connues des Chinois que celles des ailerons de requin et du potage au nid d'hirondelles, est un bon aphrodisiaque. On chuchotait d'ailleurs dans les salons que la duchesse de Windsor – qui avait longtemps vécu en Chine – appréciait les vertus de cette plante, et en faisait consommer un gramme à son époux, tous les matins, entre scones et muffins... Elle se servait aussi beaucoup d'huile d'ylang-ylang.

D'autres épices possèdent certaines « vertus » : la cannelle, l'anis étoilé, l'ail, le clou de girofle, le gingembre, le romarin, le thym, la vanille et le safran...

Comme Mme de Pompadour, buvez du cacao (additionné de vanille), mangez du céleri que l'on peut déguster râpé. Si les femmes savaient l'effet du céleri sur leur mari, elles en planteraient de Marseille à Paris !

Le vin est considéré comme un breuvage sensuel et divin. La marquise de Pompadour buvait le plus subtil des aphrodisiaques, le champagne, qu'elle accompagnait très souvent avec le « super » aphrodisiaque, la truffe noire.

La menthe verte incite à l'amour : parsemez de quelques feuilles fraîches vos salades, crudités et côtes d'agneau grillées, ou buvez-la en infusion bien corsée.

Changez de salade : optez plutôt pour le cresson, pour les capucines, reconnues comme « fleurs d'amour », et, lorsque vous êtes dans le Midi de la France, pour la roquette, que vous parfumerez de sarriette.

Mangez des artichauts, crus, une fois de plus.

Ce n'est pas l'usage, en France, de « cruncher » des petits piments, comme dit Robert Charlebois dans la chanson. En Amérique du Sud, où les hommes sont très vigoureux, on les croque comme des dragées. Aïe, aïe, aïe !

Le poivre, « plaisir de Vénus », ne doit pas être oublié. Ovide le pilait avec des semences d'orties (dont on fait, par ailleurs, d'exquis potages).

Pensez aux clous de girofle, à la moutarde, aux figues et au fenugrec.

Privilégiez le poisson.

Le jaune d'œuf est un fameux stimulant. Si vous n'avez pas le courage de l'ingurgiter à jeun le matin, prenez le prétexte de l'apéritif pour commander un « porto flip » !

À l'hôtel du Chalet du Mont-d'Arbois, je suggère que l'on serve, le soir, aux couples mariés depuis plus de quinze ans, une « tisane du désir », baptisée ironiquement par les Megévans le « Vas-y Pépère », dont, jusqu'à nouvel ordre, personne n'a songé à se plaindre... Sa recette m'avait été confiée par une brune pulpeuse et épanouie, femme, en son temps, d'un ministre bolivien. Ce dernier se portait à merveille, ce qui me rassurait sur son innocuité et son efficacité : mélangez 20 grammes de thym frais à 20 grammes de menthe fraîche et 20 grammes de serpolet. Comptez une cuillerée à soupe pour une petite théière d'eau froide, amenez à ébullition, puis laissez infuser 10 minutes. Ajoutez, au moment de boire, une cuillerée d'odorant miel des montagnes. Servez avec un regard coquin et un sourire en coin.

Bonne(s) nuit(s), les petits !

Selon que vous aurez réussi ou non vos philtres d'amour, vous en arriverez là :

Les anniversaires de mariage :

1 an : noces de coton	29 ans : noces de velours
2 ans : noces de cuir	30 ans : noces de perle
3 ans : noces de froment	31 ans : noces de basane
4 ans : noces de cire	32 ans : noces de cuivre
5 ans : noces de bois	33 ans : noces de porphyre
6 ans : noces de chypre	34 ans : noces d'ambre
7 ans : noces de laine	35 ans : noces de rubis (ce sont les miennes !)
8 ans : noces de coquelicot	
9 ans : noces de faïence	36 ans : noces de mousseline
10 ans : noces d'étain	37 ans : noces de papier
11 ans : noces de corail	38 ans : noces de mercure
12 ans : noces de soie	39 ans : noces de crêpe
13 ans : noces de muguet	40 ans : noces d'émeraude
14 ans : noces de plomb	41 ans : noces de fer
15 ans : noces de cristal	42 ans : noces de nacre
16 ans : noces de saphir	43 ans : noces de flanelle
17 ans : noces de rose	44 ans : noces de topaze
18 ans : noces de turquoise	45 ans : noces de vermeil
19 ans : noces de cretonne	46 ans : noces de lavande
20 ans : noces de porcelaine	47 ans : noces de cachemire
21 ans : noces d'opale	48 ans : noces d'améthyste
22 ans : noces de bronze	49 ans : noces de cèdre
23 ans : noces de béryl	50 ans : noces d'or
24 ans : noces de satin	55 ans : noces d'orchidée
25 ans : noces d'argent	60 ans : noces de diamant
26 ans : noces de jade	65 ans : noces de palissandre
27 ans : noces d'acajou	70 ans : noces de platine
28 ans : noces de nickel	75 ans : noces d'albâtre

80 ans : noces de chêne.

La roue tourne

Si vous trouvez votre mari un peu trop fringant, s'il continue à papillonner malgré ses cheveux blancs, patience ! Mettez votre jalousie en sourdine : médicalement parlant, après soixante-cinq ans il devrait normalement avoir quelques difficultés, alors que votre capacité sexuelle à vous, femme, est sans limite. Après la ménopause, vous pouvez reprendre, avec le même plaisir, une nouvelle histoire d'amour, même si vous avez, sur ce plan, passé quelques années sabbatiques... On raconte que les cicatrices du cœur rendent les femmes plus séduisantes.

Il arrive souvent, après une douloureuse séparation ou un veuvage, que les femmes de la belle cinquantaine refassent leur vie avec un homme beaucoup plus jeune qu'elles : elles sont, en France, une sur cinq dans ce cas, et ces couples-là ne sont pas les plus mauvais ! L'évolution de la société aidant, ce qui était sujet tabou il y a quelques années est maintenant rentré dans les mœurs : les « phénomènes » Charlie Chaplin et Alain Delon sont remplacés par Ève Ruggieri (très beau M. Khimoune). Et bravo à Liza Minnelli, Alice Dona, Évelyne Leclerc, Macha Méril, marchant sur les pas de leurs grandes aînées, Elizabeth Taylor ou Joan

Collins ! Les hommes jeunes séduits par ces femmes hors du commun, sacrées bonnes femmes, sacrées richesses, n'oublient pas qu'elles sont issues de la génération de la libération des mœurs : elles ont leur franc-parler et sont aussi indépendantes dans leurs relations financières que sexuelles. Vivre avec un homme de quinze ou vingt ans leur cadet les pousse à être toujours sur le qui-vive, physiquement en forme, au courant des nouveautés du moment, et à l'écoute d'une autre culture, qui, dorénavant, fait partie de leur quotidien.

À votre âge, vous avez appris à aimer, vous n'êtes plus soumise aux contraintes dictées par l'éducation, vous avez décidé de vivre envers et contre tout l'amour absolu. Nous savons comment nous voulons être aimées, car nous connaissons les références du passé : nous pouvons nous amuser aux jeux de l'amour et du hasard. Puisque tout est dit, tout est possible. Nous sommes libres d'explorer ce monde nouveau des plaisirs. L'insouciance est là, sans la naïveté, le rôle de l'imaginaire n'a plus de secrets pour nous. À l'automne de notre vie, il ne s'agit plus de rêve, mais d'utiliser nos capacités à être et à rendre heureux. Quant au jeune amant, quoi qu'en puissent dire les mauvaises langues, il ne recherche pas forcément une maman ni une sécurité. S'il est séduit par le charme d'une femme plus mûre, il est aussi sensible à son assurance et à ses connaissances tout comme à ses coups de cœur. Il peut également arriver qu'il ait envie d'un Pygmalion au féminin...

Jeté par-dessus l'épaule : un amour à la russe !

L'homme et la femme ne sont pas faits pour vivre ensemble : le couple réussi est un miracle. Une histoire dont je viens d'être le témoin m'a convaincue, s'il en était besoin, qu'il n'y a pas d'âge pour la liberté...

Natacha, pur produit des steppes, bouillonnante, exaltée, passionnée, mariée depuis trente ans sur un coup de foudre à un industriel du Nord-Pas-de-Calais, s'était trouvée projetée dans une de ces familles lainières protestantes et rigides, dont le mode de vie était bien éloigné du sien. Hervé, son mari, était un bel homme de cinquante-cinq ans. Son physique, sans surprise, était calqué sur les portraits de ses parents et grands-parents que l'on pouvait voir accrochés dans le salon de leur maison de famille, à Marcq-en-Barœul. Aussi brun qu'elle était blonde, d'un caractère aussi taciturne que celui de Natacha respirait la joie de vivre, Hervé avait toujours assuré son épouse d'une affection sincère, et elle avait trouvé auprès de lui la solidité qu'elle recherchait dans la vie. Aidée de son optimisme, pendant toutes ces années, elle s'était accommodée d'un quotidien banal pour lequel elle n'était pas faite, assumant parfaitement, et sans se poser de questions, son rôle d'épouse, de maîtresse de maison et de mère au foyer. Le dernier de ses trois enfants marié depuis peu, Natacha s'apprêtait à être grand-mère pour la première fois.

À la suite d'un voyage d'affaires auquel Hervé lui avait demandé de participer, mon amie découvrit que son mari entretenait, de longue date, une liaison avec la femme de son avocat : cette révélation fut un coup de fouet qui la réveilla en sursaut de sa routine quotidienne... En un clin d'œil, Natacha fit l'analyse des années passées, et décida de tout remettre en question : à Marcq-en-Barœul, on n'avait plus vraiment besoin d'elle, de toutes les manières, ses deux filles habitaient Paris et il n'y a pas d'âge pour reprendre sa vie en main !

Aussi rapidement qu'elle avait choisi de le suivre trente ans auparavant, Natacha décida de quitter son mari. Ce n'étaient pas les projets qui lui manquaient : artiste dans l'âme, elle avait toujours secrètement regretté d'avoir abandonné pour se marier la sculpture, l'ambiance joyeuse et bohème de l'académie Julian, l'atmosphère de Saint-Germain-des-Prés...

Elle n'aimait que l'aventure : depuis trente ans, elle était sur les mêmes rails, cela n'avait plus de raison de durer. Pourquoi sa vie ne deviendrait-elle pas intéressante, enfin ? Peut-être allait-elle perdre un certain confort, mais il faut savoir faire la balance des choses, et Natacha avait maintenant besoin d'avoir un but personnel...

Loin de se douter de ce qui se fomentait dans l'esprit de son épouse, le 24 décembre Hervé trouva sous l'arbre de Noël une petite enveloppe contenant une carte de visite : « Madame Hervé H. prie Monsieur Hervé H. de venir déjeuner le 26 décembre, à une heure, en cabinet particulier au Pavillon des princes. » Hervé H. fut enchanté : ce n'était pas une fille du Nord-Pas-de-Calais qui aurait eu des idées aussi originales... Signe avant-coureur de rébellion, Natacha eut un quart d'heure de retard, ce qui n'était pas dans ses habitudes. Ce délai donna à Hervé le temps de réaliser que c'était leur premier déjeuner en tête à tête dans un restaurant depuis plusieurs années, et il éprouva le même petit pincement au cœur que celui qu'il avait ressenti il y avait... (mon Dieu ! trente et un ans déjà ?) lorsqu'il avait, pour la première fois, osé proposer à cette belle étudiante d'aller dîner d'une pizza rue Saint-Benoît...

Sur la table, le carton du menu en évidence eût dû lui mettre la puce à l'oreille :

Œufs brouillés, parés de langoustines en baluchon.

Poularde demi-deuil à la sauce de trahison.

Méli-mélo de salades.

Pas de « puits d'amour », enfin, dans le chariot des desserts...

Natacha fit une entrée, sciemment protégée d'un nuage de « Ciao », et, après avoir commandé une bouteille de Château Mille Secousses, tint à son mari, médusé, le langage suivant, en attaquant immédiatement le vif du sujet :

« Mon cher Hervé, comme toi dans l'entreprise, à la fin de chaque année, j'ai fait notre bilan : il est désastreux. Je viens de ranger ma penderie et me suis aperçue que je n'ai pas de petite robe habillée qui va avec une paire de cornes. Il est évident qu'aucune femme ne peut en vouloir à la maîtresse de son mari d'avoir les mêmes goûts qu'elle, d'ailleurs, je viens d'en convenir avec ton avocat. En ce qui me concerne, quitte à vivre avec un homme de pierre, je préfère retourner à mes premières amours : la sculpture. Ce déjeuner est, ainsi que tu peux t'en douter, un déjeuner d'adieu : je te quitte. »

J'ai revu Natacha, elle n'est plus cette eau tranquille et profonde : c'est une femme transformée ! Elle est rayonnante, et je la sens à nouveau heureuse et passionnée par son art. Elle a trouvé son équilibre : divorcée, elle est revenue vivre à Paris, et s'est installée à Montmartre. Quitter son mari était dans la logique de son destin : elle est maintenant prête pour une nouvelle vie, prête à accueillir un nouveau compagnon et à partager avec lui le quotidien de ses ambitions. Son atelier est rempli d'artistes, d'hommes jeunes et imprévus, et, bien qu'elle aille souvent dans le Nord voir son petit-fils âgé de quelques mois, je la sens disposée à refaire sa vie avec sérénité.

Moi qui suis pour l'équilibre de la famille, qui ai plutôt tendance à dire aux femmes : « Ne quittez jamais le foyer conjugal. Quoi qu'il vous arrive, battez-vous, restez même si le camp adverse semble avoir l'avantage » (c'est sûrement ce que j'aurais conseillé à la princesse Diana si j'en avais eu l'occasion), je reconnais pour une fois que Natacha a fait le bon choix : il y a certains cas dans lesquels il faut avoir le courage de balayer les amours et leurs habitudes.

*Recette de la sauce de trahison **
accompagnement de la volaille ou du gibier

Pour six personnes, préparez :

12 petits oignons,

100 grammes de lard maigre coupé en petits dés,

1 tranche de pain de mie grillée,

1/2 verre de bouillon de viande,

1 grand verre de bon médoc,

2 cuillerées à soupe de vinaigre de vin,

1 cuillerée à soupe bien pleine de moutarde,

une pincée de cannelle,

---

* In *Cuisine médiévale pour tables d'aujourd'hui*, de Jeanne Bourin, Flammarion 1995.

1 brindille de thym,
1 feuille de laurier émiettée,
1 cuillerée à soupe de sucre en poudre,
sel, poivre à volonté.

Faites fondre le lard et ajoutez les petits oignons que vous faites rissoler doucement jusqu'à ce qu'ils soient transparents et dorés.

Broyez le pain grillé, délayez-le avec le vin et le vinaigre.

Ajoutez la cannelle, la moutarde, le sucre, le thym et le laurier.

Mélangez aux oignons et aux lardons.

Faites cuire ensemble doucement. La moutarde ne doit jamais bouillir !

Mélangez cette sauce à la sauce de votre rôti, à moins que vous ne choisissiez de la présenter à part.

Historiette : Dans un déjeuner de dames, on a posé la question : préféreriez-vous être veuve ou divorcée ? » Pas une n'a répondu divorcée...

L'HIVER, ÉTÉ INDIEN DE VOTRE VIE

L'hiver d'une vie dévoile deux sortes de femmes : celles aux lèvres pincées d'aigreur et celles aux yeux doux. J'espère que vous faites partie du second groupe : vous serez aimée et respectée, votre vieillesse sera harmonieuse, entourée de tendresse, et, pourquoi pas ? d'amour.

Cicéron a consacré un livre à votre âge : *Savoir vieillir*. Savez-vous ce qu'il constatait déjà quatre-vingts ans avant Jésus-Christ ? « Les vieillards intelligents, agréables et enjoués supportent aisément la vieillesse, tandis que l'acrimonie, le naturel chagrin et la morosité sont fâcheux à tout âge. »

Les dix souhaits de Nadine

- Le jardin fleuri de ta vie plus que jamais cultiveras.
- De ta maison un lieu d'accueil et de galas feras.

- Pas un jour ne laisseras ton carnet vide d'entrechats.
- De ton armoire sous tout prétexte tes falbalas sortiras.
- Au profit de ton humeur, de tes douleurs ne te plaindras.
- Du tilleul te moqueras, par cocktail grisant remplaceras !
- Si tes enfants ne sont pas là point ne pleureras...
- Tes petits-enfants séduiras par ton sens des médias.
- Des gris et noirs te riras au profit de turquoises et madras.
- De ta vieillesse triompheras et de ton charme éblouiras.

Les « seniorettes » ont du peps !

Lorsque j'étais adolescente, un dialogue, durant des vacances chez une amie de classe, m'avait profondément marquée : « Ma chérie, ta grand-mère est-elle au jardin ? », demandait sa mère à Roseline. « Non, maman, elle est partie prendre le thé chez sa grand-mère »... En quelques secondes, je me retrouvai sous Napoléon III, par grand-mères interposées ! Cette longévité tenait alors du miracle, mais, grâce aux progrès de la médecine, nous sommes, aujourd'hui, programmées pour devenir centenaires, voire super-centenaires : c'est un des phénomènes les plus remarquables de notre génération. Un Français sur quatre aura plus de soixante ans en 2015, alors qu'au début de notre siècle les femmes passaient difficilement le cap de la quarantaine. Ce qui veut dire en pratique que, lorsque la vie professionnelle s'arrête, nous avons devant nous une trentaine de belles années pour faire des projets : il faut apprendre à en profiter. Les prévisions affirment que certaines continueront même, avec plaisir, mais à un rythme différent, à travailler au moins jusqu'à soixante-dix ans...

Il y aura, bien sûr, comme à tout âge, des soucis, des chagrins, des deuils autour de vous, mais aussi des joies : un malheur n'arrive jamais seul, il tient toujours un petit bonheur par la main...

Leçon n° 1 : ne jamais relâcher sa curiosité

Si vous avez eu une vie végétative, si vous ne vous êtes intéressée à rien d'autre qu'à vous-même, si vous détestez les sports, les voyages, le cinéma, le théâtre, les musées, les bons restaurants, les jolis garçons et les écrivains plus jeunes que Zola, ni moi ni personne ne pouvons rien pour vous ! En revanche, si vous avez l'œil à tout, vous vous préparez des années formidables.

Je ne suis personnellement pas une grande adepte de l'informatique et le Macintosh sur lequel ce livre est conçu garde encore pour moi beaucoup de secrets... Lorsque quelques amies (sans citer de noms, je peux simplement préciser qu'elles sont « mes grandes aînées ») me parlent d'Internet, s'équipent CD-Rom, ou font toutes seules une partie d'échecs sur leur jeu électronique, je suis autant stupéfaite par leur boulimique curiosité que par leurs connaissances techniques. La plupart d'entre elles sont veuves ou divorcées, leurs enfants, petits-enfants, arrière-petits-enfants dans certains cas, sont dispersés dans des villes de province, voire à l'étranger. Elles se sentent un peu solitaires, mais d'humeur conviviale, et elles ont décidé de ne pas se laisser envahir par une solitude qui les mènerait à la déprime. Avant même que soient installées chez elles ces machines du futur, elles me parlent des échanges de points de vue qu'elles auront sur l'art, le jardinage, la cuisine... avec d'autres dames délicieuses, à Saint-Paul de Vence, à La Trinité-sur-Mer, à Florence, ou dans le Kent. Elles anticipent le plaisir d'amitiés à découvrir, sujettes à des voyages inattendus, et en retour s'apprêtent à ranimer leur maison pour recevoir de nouvelles connaissances. L'amitié ne remplace pas l'amour, mais c'est si bon.

Leçon n° 2 : s'organiser et s'occuper

Vous êtes maintenant « à la retraite », et ça vous fait tout drôle.

La retraite d'accord
mais la fête d'abord !

Voilà ce que doit être votre cri de ralliement, à vous sexagénaire ardente, généreuse et dynamique !

Que votre image un peu excentrique choque, peu importe. Puisque vous êtes dorénavant condamnée aux loisirs forcés, organisez-les pour que votre vie se transforme en poésie.

Tous les enfants se séparent un jour ou l'autre de leurs parents : c'est encore une des infidélités que vous réserve la vie. Ne les culpabilisez pas, mais s'ils vivent loin de vous, à l'étranger, il n'y a pas de honte à leur dire qu'ils vous manquent : suggérez-leur d'imiter la délicate attention imaginée par l'une de mes amies et destinée à sa maman australienne : une fois par mois, elle enregistre sur une cassette une sorte de journal de bord, petit monologue dans lequel elle lui décrit ses faits et gestes, parle de la santé de ses proches, raconte les livres qu'elle a lus et les films qu'elle a vus, propose bien à l'avance un voyage... et la lui envoie par la poste.

L'arrêt du travail engendre un déséquilibre

de bonheur ou d'anxiété. Vos enfants ont quitté le nid depuis longtemps, votre mari n'est plus auprès de vous, mais dans le cas inverse, vous passerez dorénavant vingt-quatre heures sur vingt-quatre ensemble : c'en est fini de votre indépendance chérie ! Il faut réinventer votre manière de vivre, avec lui, ou avec des amis, si vous êtes seule. Faites-vous des surprises... Pour chaque saison de notre vie, il y a un destin. Ce que vous n'avez pas fait avant, à vous de le réaliser maintenant.

Pour mieux décompresser, pourquoi ne pas commencer par programmer une croisière ? Informez-vous, trouvez la bonne agence de voyages, celle qui, dorénavant, remplacera votre famille et deviendra votre nouvelle confidente. Vous y choisirez un interlocuteur particulier qui, connaissant vos goûts et le rythme de votre vie, saura vous conseiller dans le choix de vos destinations et vous intégrera à un groupe de gens ayant les mêmes affinités. Si vous entreprenez seule ce premier périple, vous ferez, c'est bien sûr, des rencontres avec qui vous partagerez la découverte d'horizons nouveaux : c'est ainsi, maintenant, qu'il faut considérer votre avenir.

Nostalgia

Ayant été séduite par ce poème de Clément Marot il y a plusieurs années, je ne savais pas qu'il deviendrait mon actualité :

Plus ne suis ce que j'ay esté,
Et ne les sçaurois jamais estre ;
Mon beau printemps et mon esté
Ont faict le sault par la fenestre.

Amour tu as esté mon maistre :
Je t'ai servi sur tous les dieux.
Ô si je pouvois deux fois naistre,
Comme je te servirois mieulx !

Voyager est aussi un merveilleux moyen pour se retrouver à deux et avoir de bonnes conversations en admirant le paysage. Vous revivrez avec votre compagnon les plus délicieux moments de votre existence, et vous regarderez peut-être d'un œil nouveau ce grand monsieur aux cheveux blancs qui vous attend sur le pont du *Mermoz*... De votre côté, surprenez-le, soyez joyeuse et coquette : avez-vous pensé à mettre dans votre valise la jolie robe de mousseline que vous portiez au mariage de votre petite-nièce ?

Confectionnez des albums de photos, faites des « scrap-books » de vos voyages : en partant, mettez dans votre valise une grande enveloppe de papier kraft, dans laquelle vous rangerez, chaque soir, les petits trésors de la journée : billets de théâtre, d'entrée à la corrida, menus de restaurant, cartes de boutiques, timbres du pays visité... Lorsque vous serez rentrée à la maison et que vous composerez et classerez vos albums, ceux-ci feront de jolis souvenirs.

Sans aller au bout du monde, vous pouvez également vous fixer des buts de courts périples ou de promenades : festivals de musique, randonnées à la montagne, visite des grands jardins d'Alsace ou de musées provinciaux...

Inscrivez-vous à des cercles de conférences : celles du musée du Louvre, par exemple, sont particulièrement passionnantes. Chaque région propose également des promenades guidées dans les villes et villages, afin d'en pénétrer l'histoire, de visiter de belles demeures privées et de s'imprégner de leur architecture. Vous serez stupéfaite de voir à quel point vous êtes ignorante du lieu où vous vivez depuis tant d'années, et par le nombre de merveilles que vous allez y dénicher !

Découvrez-vous de nouveaux talents. De septembre à juin, en suivant l'année scolaire, les mairies de votre quartier (ou la municipalité, dans les petites communes) proposent toutes sortes de stages enrichissants et peu onéreux : dessin, peinture, broderie, poterie, émaillage d'art, atelier de couture... Ne dites pas « je ne sais pas » : il suffit d'une feuille de papier et de crayons de couleur pour vous exprimer, le résultat vous surprendra ! On rajeunit lorsqu'on exige de son esprit une besogne de personne jeune : vous pouvez même recommencer des études et passer votre bachot. Que diriez-vous de vous inscrire aux Beaux-Arts en auditeur libre ? Celles qui sont trop isolées peuvent aussi suivre des cours par correspondance : le Centre national d'enseignement à distance, par exemple, basé à Poitiers, en propose, avec des devoirs corrigés chaque semaine par des professeurs.

Si vous avez « la mémoire qui flanche », faites-la travailler avec des « mots croisés » quotidiens. Encouragez vos facultés mentales avec des « cures de mémoire » en suivant des programmes d'activation cérébrale qui se pratiquent par séances de petits groupes. C'est aussi une manière d'apprendre à mieux penser, et à penser positif !

Faites de la tapisserie, c'est très apaisant, et vous laisserez ces ravissantes choses dans votre testament à vos héritiers !

Apprenez à jouer : au bridge, aux échecs, au backgammon, au gin ou à la canasta. Vous ne vous ennuierez jamais. Vous vous retrouverez à date fixe avec les membres de votre groupe, en organisant à tour de rôle un agréable dîner froid : ce sera une bonne occasion pour comparer vos spécialités culinaires avec celles de vos nouvelles amies.

Si vous n'y avez pas encore pensé, il est temps de découvrir les joies du jardinage, d'autant plus facilement qu'il existe maintenant des outils pour cultiver votre jardin (ou celui de vos amis) sans pour cela être gênée par les courbatures : à la télévision, l'émission du matin « Télé-Achat » vous propose tous les jours des instruments malins inventés pour votre confort.

Rendez-vous utile : faites du bénévolat, que ce soit à l'office de tourisme de votre ville, dans les ventes de charité ou au sein de différentes associations dont vous trouverez la liste également dans les mairies. Si vous parlez parfaitement l'anglais, vous pouvez enregistrer des cassettes pour les aveugles : demandez une audition au ELLB (English Language Library for the Blind).

Allez dans les hôpitaux rendre visite aux personnes sans famille.

Un peu de sport, quand même

Essayez de marcher une heure par jour, en faisant de petites pauses si vous vous sentez fatiguée, car il ne faut jamais forcer. « Si cela ne vous tente pas, le remède infaillible est de prendre un chien ! » C'est le conseil que donnait à ses fidèles téléspectatrices mon ami Jean-Pierre Hutin, producteur de l'émission « 30 millions d'amis », dont l'amour pour les bêtes n'avait d'égal que sa grande gentillesse. Il disait souvent qu'un chien, c'est un enfant à quatre pattes, et avait remarqué que bien des « malades » guérissaient beaucoup plus rapidement lorsqu'elles avaient un animal, notamment celles qui n'avaient pas la patience de s'occuper de tout-petits... Avec votre compagnon, pas question de jouer trop longtemps la convalescence ni de rester à l'hôpital : il faut vite être sur pied pour échanger avec lui cette tendresse dont sa maîtresse a tant besoin. Si les chats et les chiens savaient combien de douleurs ont été atténuées grâce à eux !

Parenthèse canine : le rituel des septennats présidentiels successifs me laisse perplexe devant la fenêtre de mon salon qui donne sur les jardins de l'Élysée. Pourquoi, descendant du perron pour quelques pas, qu'il s'agisse du général de Gaulle, de Georges Pompidou, de Valéry Giscard d'Estaing, de François Mitterrand ou de Jacques Chirac, pourquoi, quelles que soient leurs opinions politiques, ces messieurs s'engagent-ils *toujours* dans l'allée de gauche et jamais dans celle de droite ? Je vous le donne en mille : ils suivent leur chien ! Les présidents se succèdent, les chiens aussi, chacun marquant son territoire avant de retrouver la même niche...

N'abandonnez pas le golf. Voilà encore un bon prétexte pour vous imposer de grandes marches en plein air ! La France possède actuellement cinq cents golfs, fréquentés par soixante mille golfeurs et golfeuses de votre âge. C'est un sport convivial que l'on peut débuter tardivement, et qui n'a pas de contre-indication médicale majeure. À notre époque, sa pratique est beaucoup moins onéreuse, particulièrement lorsqu'on peut jouer en semaine, ce qui est votre cas, n'est-ce pas ?

Redécouvrez les joies de « la petite reine » ! Avec les promenades à bicyclette, on a le temps de tout : le temps de respirer, d'admirer les endroits où l'on passe, et, pourquoi pas ? de s'arrêter quand le cœur vous en dit.

Fréquentez régulièrement la piscine. Nagez alternativement sur le dos, puis ensuite sur le ventre – avec masque et tuba – afin d'avoir la tête sous l'eau et le corps complètement allongé.

La gymnastique, de plus en plus douce, doit toujours faire partie de votre programme, mais ne tentez jamais d'exercices qui vous font mal, et n'entreprenez rien sans un contrôle médical qui vous prescrira peut-être cette nouvelle « gymnastique assise » qui a tant de succès aux États-Unis. Le kinésithérapeute vous apprendra également des mouvements quotidiens à effectuer à la maison, parfois aidés de légers bracelets aux poignets et aux chevilles.

Leçon n° 3 : réapprendre à se dorloter

Dès votre réveil, souvenez-vous que, maintenant, vous avez le temps, et que la « routine » de vos occupations journalières doit se transformer en autant de satisfactions personnelles.

Ne vous jetez pas hors du lit ! Prenez quelques minutes de pause entre le moment du réveil et celui du lever. Étirez-vous. Respirez fortement deux ou trois fois. Buvez un grand verre d'eau. Vous pouvez alors vous mettre en train. Votre petit déjeuner, tout d'abord, pris dans votre lit, confortablement calée dans vos oreillers, avec un quotidien auquel vous vous serez abonnée, est une bonne manière de commencer la journée. Dégustez votre œuf à la coque et servez-vous une deuxième tasse de thé, en vous tenant au courant des nouvelles du jour. Et je ne veux pas vous voir vous précipiter sur la rubrique « nécrologique » pour constater (avec un petit pincement de satisfaction, je le sais) qu'une « amie » plus jeune que vous vient de disparaître...

Votre base peps et bonne humeur du jour étant réglée, vérifiez dans votre agenda que vous avez prévu de remplir activement et agréablement votre journée.

Après le déjeuner, si vous sentez l'envie d'une petite sieste, n'hésitez pas à vous laisser aller :

qui vous le reprochera ? Vous n'avez pas de biberon à donner, ni de sentiment de culpabilité à cultiver : vous ne lésez personne, et, de plus, vous vous faites du bien, sauf si vous êtes insomniaque, car vous verriez vos nuits se raccourcir d'autant. Cette recharge d'énergie ne doit pas dépasser trois quarts d'heure, et elle doit s'effectuer après le déjeuner plutôt qu'en milieu d'après-midi. Choisissez de vous allonger dans un endroit propice et peu éclairé, plutôt que de mal somnoler dans un fauteuil. Mon amie Jacqueline Delubac fait toujours, après le déjeuner, une vraie sieste, d'où elle tire son éternelle bonne humeur et sa jeunesse.

Planifiez vos week-ends afin de ne pas rester toute seule : votre carte vermeil, délivrée par la SNCF, vous permet d'aller facilement et à moindres frais visiter, en province, famille et amis. Ouvrez votre maison de campagne pour la « boum » de vos petits-enfants. Ayez le programme des cinémas proches de votre domicile, où vous pourrez vous rendre à pied.

Leçon n° 4 : savoir dire « non »

Profitez de votre liberté ! Veuve ou divorcée, donnez libre cours à votre personnalité. Positivez le fait de vivre seule : vous n'êtes plus prise en sandwich entre les exigences de votre mari et les caprices de vos enfants. Changez d'horaires, changez de décor, changez de pays, si vous en avez envie ! Oubliez la méthode, faites place à la folie ! Qui dit changement engendre une certaine contrainte, un bouleversement des fameuses « habitudes ». Supprimez ce qui vous dérange, gardez ce qui vous arrange. Dans vos relations, c'est la même chose : changement de temps, changement de manières. Offrez-vous la nouveauté et l'inattendu et profitez de chaque moment de la vie, les pieds solidement plantés dans le sol : plus que jamais, le monde est à vous.

Vos enfants n'aiment pas vous voir vieillir parce que ça ne les rajeunit pas, mais le fait que votre santé soit bonne et que vous débordiez d'énergie les enchante : ils vont enfin avoir une « mamie-sitter » gratuite et disponible ! Et pour peu que vous vous soyez retirée dans le Sud de la France, au bord de la mer, où vous possédez une petite villa, attendez-vous à être envahie, surtout en période de vacances scolaires... Eh bien, non !

Vous n'avez pas besoin d'entendre, encore une fois, que votre charlotte aux poires arrosée de coulis de framboises est la meilleure du monde : non, vous ne voulez pas cuisiner pour dix personnes chaque week-end, et de toute façon, pitié pour votre diabète !

Non ! Non ! et toujours non ! Il faut savoir dire « non », apprendre à être un peu égoïste et à préserver votre tranquillité toute neuve. Il faut que les choses soient bien claires : vous voulez vivre votre vie, et non celle des autres. Ne fantasmez plus sur celle de vos enfants, mais plutôt sur la vôtre. Vous aussi avez envie de sortir, d'aller au cinéma, chez la couturière, ou de partir en week-end !

Les vacances de Pâques arrivent peut-être au galop, mais désolée, non, vous n'êtes pas là : à cette date, vous partez justement quinze jours pour Cap Skirring !

Non, ça ne va pas « vous occuper » de garder des gamins infernaux : vous avez autre chose à faire que de jouer aux Indiens !

Soyez un peu ferme, vous n'en serez pas moins aimée, mais beaucoup plus respectée.

Leçon n° 5 : savoir dire « oui »...

Vous camouflez vos cheveux blancs mais non vos rides. Si les pulsions de votre cœur sont restées jeunes dans la période de l'hiver, ne pensez pas être anormale, car, malgré les idées toutes faites concernant ce sujet, le désir n'a pas d'âge ! Vous avez une année de plus : vivez-la comme si elle devait être la dernière, sans imprudence, sans lâcheté. Ne laissez pas le temps vous dépasser, marchez à ses côtés. Ni vous ni votre mari n'êtes des cas uniques ou des forces de la nature sous prétexte que vous continuez à vivre votre sexualité. Même si celle-ci se transforme et évolue avec les ans, assumez vos désirs sans complexe : ils sont le signe de votre jeunesse d'esprit, de votre tonus et de l'harmonie de votre couple. Je dirais même plus : attention à l'abstinence qui vous conduit tout droit sur le chemin du désintérêt de vous-même ! Le plaisir des sens est, physiologiquement, une prévention contre le vieillissement, il remédie à la neurasthénie et à l'irritabilité, et incite à prendre soin de son apparence physique. Portez des couleurs gaies, investissez dans de jolis souliers qui flattent vos jambes, éclairez votre visage d'or et de perles : bref, continuez à entretenir votre féminité en vous souvenant qu'une femme privée d'amour dépérit.

Les directrices d'agences matrimoniales vous le confirmeront d'ailleurs avec assurance : leur clientèle n'est pas essentiellement faite de jeunes femmes timides, au physique peu gâté par la nature, mais aussi d'alertes grand-mères (voire arrière-grand-mères et fières de l'être), qui ne veulent pas rester seules à l'hiver de leur vie. Et elles trouvent, au demeurant, bien souvent chaussure à leur pied, compte tenu du fait que bon nombre de seniors solitaires sont dans le même cas ! Avez-vous jamais eu la curiosité de regarder les annonces des journaux ? Voici un fringant échantillon :

« Creuse. Madame, vous êtes seule, encore alerte ? Vous avez 80 ans ou plus, et alors ? Pourquoi toujours la solitude ? Papy du même âge, encore vert, mais avec sa canne!!! désire prendre contact avec une charmante habitante de la région. Dispose d'une maison vaste et confortable, d'une bonne voiture et d'une belle pelouse bien fleurie. À vous de jouer, bien amicalement! Écrire au journal, réf. RC 40511, en envoyant portrait couleur de votre chat. »

Ceci me rappelle une anecdote savoureuse : sortant un jour d'un magasin, je suis attirée, rue de la Chaussée-d'Antin, par l'enseigne d'un nom qui me dit quelque chose, mais quoi? « Madame Desachy. » Quelque temps après, l'une de mes amies, dont je connaissais le poids de la solitude, me rend visite. « J'ai rendez-vous cet après-midi avec Mme Desachy, m'avoue-t-elle, veux-tu m'accompagner ? » Bien évidemment, je ne résiste pas à la curiosité de rencontrer cette marchande de bonheur qui, depuis plus d'un demi-siècle, exerce la noble profession de marieuse.

Il est toujours surprenant de comparer les coutumes des pays : en France, la « marieuse » est souvent décriée, et les femmes se rendent en grand secret et lunettes noires à l'agence matrimoniale. À l'inverse, en Israël, aucun hymen sérieux ne serait conçu sans l'avis de la « Schadhen », hébraïque oracle responsable des « schidouh » (arrangements matrimoniaux), traditionnellement consultée pour réunir les jeunes gens ayant les mêmes affinités.

Arrivée devant l'immeuble, F. est prise de

panique. « Je ne peux pas y aller », sanglote-t-elle. Je saisis la balle au vol : « Qu'à cela ne tienne, je vais effectuer un repérage ! »

Comme dans toutes les bonnes agences dignes de ce nom représentées au cinéma, une unique plante verte poussiéreuse trône, dans la salle d'attente, au milieu d'inconfortables sièges de rotin. Avant moi, un seul client : un homme visiblement très nerveux, d'une quarantaine d'années, qui semble soulagé lorsqu'il est appelé, quelques secondes après mon arrivée. Son costume d'une coupe élégante, ses chaussures cirées « à l'anglaise » et sa serviette sortant visiblement de chez Hermès me laissent présager qu'il s'agit d'un homme d'affaires : celui-ci, c'est sûr, veut une épouse « sur mesure » !

Mon tour arrive rapidement. Une dame fort sympathique m'invite à m'asseoir, et, comme une employée des PTT, m'engage à débiter âge, profession, domicile... les prétentions souhaitées étant pour plus tard.

Avant que je n'aie eu le temps d'expliquer ma vraie présence en ce lieu, Mme Desachy me tend un formulaire à signer. Devant tant d'autorité, je prends mon courage à deux mains, et lui dis enfin : « Vous savez, ce n'est pas pour moi que je viens ! Je suis déjà mariée... »

Et elle, d'une voix sécurisante mais blasée : « Mais oui, mon petit, je sais bien, on dit toujours cela à la première visite ! »

Drôle, non ? Je crois pouvoir me permettre de préciser que, depuis cinq ans, mon amie F. est mariée avec un homme charmant et amoureux, rencontré sous la plante verte poussiéreuse...

Delikatessen

Il y a, bien sûr, en cas de remariage ou de « régularisation » d'une situation parfois tenue secrète de longues années, de délicats problèmes à régler vis-à-vis des enfants de part et d'autre. Partant du principe « qu'il y a un âge pour ça », ceux-ci ne voient pas toujours d'un bon œil la sexualité de leurs parents, et refusent tout net de comprendre ces incurables romantiques qui ont encore des coups de foudre à plus de soixante ans (ce qui est le cas dans 62 % des remariages de seniors). Ils vivent souvent mal les « turpitudes » de leurs parents, n'ayant pas toujours le courage d'avouer qu'ils sont surtout très inquiets pour le nouvel avenir de leur héritage...

Quoi qu'il en soit, la seniorette que vous êtes peut s'attendre, à tout âge, à redécouvrir l'intérêt qu'elle suscite : vous n'êtes pas la seule, ça existe !

Chagrin d'amour ne dure pas toute la vie

L'avenir, à un certain âge, se construit sur les ruines du passé. Mais devant vous, une autre existence peut-être ? Lorsque je vous disais que la vie est un choix et que votre destin est entre vos mains, je constate qu'il y a des femmes programmées pour l'exceptionnel.

Ce n'est pas le fait que Suzanne G. ait eu deux maris, trois enfants et huit petits-enfants qui la rend admirable. Avant tout, elle est une femme courageuse, droite et sincère.

« Mon père était industriel, me raconte-t-elle, et la guerre ne m'a pas trop marquée, car j'étais à l'âge de l'insouciance. Mon univers, en Belgique, était celui d'une enfant heureuse, dans l'atmosphère de la grande maison familiale : sœurs, frères, cousins, cousines, ma mère, douce et chaleureuse...

Le conducteur de mon enfance fut le mot “ amour ”. L'amour le grand, le seul, le vrai, celui de mes dix ans, sur lequel je bâtissais mon avenir, fut, cinq ans plus tard, la seule déception de ma vie d'enfant lorsque j'appris qu'il en aimait une autre...

Puis, à dix-huit ans, je rencontrai un homme merveilleux : le plus beau, le plus charmeur, le plus... tout ! Quatre mois plus tard, grand mariage traditionnel et discours de mon père. Quelle journée fabuleuse ! Elle fut à peine troublée par un léger signe du destin : durant la garden-party, un jeune homme posa sa main sur la mienne en me disant simplement : “ Quel dommage ! Vous auriez pu être la femme de ma vie ! ”

Quinze années de bonheur avec Vicky, un mari d’une bonté incommensurable, qui me protégeait, me comblait de cadeaux, homme d’affaires aimant autant sa vie de famille que la vie mondaine ; bref, les jours s’écoulaient paisibles et heureux. Et puis arrivent mes quarante ans : tout bascule ! Depuis un certain temps, les affaires de textile de Vicky allaient de plus en plus mal. Une nuit, à jamais gravée dans ma mémoire, je me réveillai en sursaut : il était sur le point de se suicider. “ Je n’en peux plus, me disait-il, je n’en peux plus. ” Nuit d’enfer, le cauchemar. Grâce à mon optimisme, à ma volonté de vouloir nous en sortir, à l’aide des médecins, de ma famille et de nos amis, j’ai pu retourner la situation et nous sommes repartis à zéro. Mais que faire ? Comment ? De quoi étais-je capable ? Je n’avais jamais travaillé de ma vie, mais j’étais prête à me battre, à faire n’importe quoi pour sauver celui qui m’avait tout donné.

Là commence une des phases les plus passionnantes de mon existence. Jusqu’à présent j’avais toujours été épargnée, je n’avais jamais essuyé de coups durs. Miracle ! Un ami décorateur me prend comme assistante : je découvre que j'aime ce métier, et très vite je fais un beau chiffre d'affaires. C'est moi dorénavant qui vais nourrir ma famille, et Vicky, rétabli, va jouer les ménagères. Il nous a fallu beaucoup, beaucoup d'amour et de modestie pour gérer cette situation. Nos enfants bien mariés, des petits-enfants délicieux, mon mari venant de fêter ses soixante-cinq ans et moi mes cinquante-cinq : nous étions à nouveau très heureux, et repartions pour quinze années de bonheur.

C'est alors que, un an plus tard, un dimanche soir, Vicky m'a quittée pour toujours, sans souffrances et sans adieux. Moi, la battante, je me suis écroulée, ma vie s'arrêtait. On peut résoudre tous les problèmes, se battre contre toutes les difficultés, mais pas contre la mort. J'étais désespérée, je vivais parce qu'il fallait bien vivre, sans aucun espoir de combler ce vide immense. Ma famille et les amis proches me couvraient d'invitations... Un jour, mon amour d'enfance, celui de mes dix ans, que je n'avais jamais perdu de vue, organise un dîner pour fêter ses soixante ans. Jolies femmes, hommes d'affaires, dîner élégant et chaleureux. Quel repas charmant ! Quel beau souvenir ! Je confie à mon voisin de table que, bien que vivant dans le monde des affaires, celui de la finance ne m'intéressait absolument pas. Mais, étant veuve, je devais m'y mettre, et apprendre à gérer, placer, investir... Très aimablement, celui-ci me propose de rencontrer son associé, spécialiste de la gestion de fortune.

Je ne le savais pas encore, mais en me rendant à cette invitation j'allais à la rencontre de ma seconde vie. Dès l'instant où je mis ma main dans celle de Jean G., j'eus une sensation étrange, une résurgence du passé. " Vous voyez, me dit-il, il y a trente ans, le jour de votre mariage, je vous avais bien dit que l'on se retrouverait... " À la suite de cette rencontre, il y eut de longs coups de fil, suivis de promenades au bord de la rivière. Que m'arrivait-il ? Je me sentais à nouveau bien. Ses bras étaient un refuge, sa chaleur, communicative. Cet homme extraordinaire avait l'art de plaire à chacun. Il eut le souci de séduire mes enfants, leur consacra du temps, les prenant séparément pour leur expliquer qu'il ne voulait pas leur voler leur maman, mais simplement lui rendre son sourire. Jean m'a fait redécouvrir tant de choses...

Notre mariage est venu de lui-même. Nous avons le même âge, soixante-six ans, et nous faisons confiance à la vie. Ah oui, Nadine, j'avais oublié de vous dire : Jean est aveugle depuis l'âge de seize ans... »

Les conseils des praticiens

Souvent, en vieillissant, vous devenez gourmande : attention aux sucreries et douceurs qui sont aussi mauvaises pour vos vraies dents que pour les fausses ! Il n'est bien sûr pas question de se priver de tout. Comme tout le monde, vous avez des maux particuliers, pour lesquels le spécialiste vous suit régulièrement. Et, même si vous êtes une force de la nature, il faut, une fois par an, comme vous l'avez toujours fait, consulter le généraliste, qui dressera un bilan de votre santé. La maladie peut être l'occasion de repenser sa vie, car dans notre société on est souvent plus vigilant en ce qui concerne sa voiture que son corps !

À ce propos, faites bien vérifier vos yeux et révisez votre permis de conduire, afin d'éviter d'éventuels accidents.

Mon régime secret, que j'accepte de dévoiler en fin de parcours

Deux fois par semaine, le soir, ce sera votre dîner, aussi diététique que facile à préparer : en guise de plat principal, mélangez un sachet de potage lyophilisé (délayé au mixeur avec le contenu d'un verre d'eau bouillante) à un pot de légumes-viande pour bébé (6e mois).

Comme dessert, passez, toujours au mixeur, 100 grammes de fromage blanc à 0 % et un pot de compote de pommes pour bébé, en y ajoutant une cuillère à soupe de Canderel.

Les conseils du gynécologue

Un seul bilan annuel est suffisant, avec vérification des seins, notamment en cas d'antécédents familiaux du cancer du sein. Une mammographie est, dans tous les cas, indispensable tous les deux ans, ainsi que le frottis, tous les cinq ans. L'éventuel traitement hormonal doit être suivi, mais les doses diminuées. Pour les femmes qui n'ont pas opté pour ce traitement, faire une densitométrie osseuse, afin de déceler cette fameuse ostéoporose qui mène souvent les sujets âgés à subir diverses fractures.

Un must : les cures thermales

Qu'elles soient bicarbonatées, sulfatées, silicatées, sulfurées, chlorurées... selon les besoins de votre organisme, le fait d'aller « prendre les eaux » bénéfiques n'est pas une nouveauté. Le thermalisme fut longtemps réservé à une élite sociale pour qui un tel séjour était synonyme de distractions nécessitant une nouvelle garde-robe pour assister aux concerts, se promener dans la montagne ou visiter le casino... On y allait aussi pour échapper momentanément à son univers familial et faire de nouvelles rencontres. Que d'idylles s'y sont nouées, sous le fallacieux prétexte d'aller boire un verre d'eau... Les têtes couronnées y firent construire des chefs-d'œuvre architecturaux, pour lesquels les plus grands peintres, sculpteurs, mozaïstes et verriers imaginèrent des décors somptueux et débridés, néo-byzantins, néo-mauresques ou néo-vénitiens. Dans ces lieux de rendez-vous des beaux esprits et des grandes beautés du monde entier, on vit également s'édifier de somptueuses villas où l'on se rendait, à date fixe, en chemin de fer.

Entre les deux guerres, les villes d'eaux perdirent de leur prestige, mais, depuis 1947, date à laquelle la thérapeutique thermale a commencé à être remboursée par la Sécurité sociale, les médecins ont vivement engagé leurs patients atteints de maladies bien définies à fréquenter les villes de cure, l'impératif étant qu'un traitement ait été déjà appliqué et ait échoué.

Cette cure thermale ne peut être prescrite que par votre médecin traitant qui vous dirigera vers la station susceptible de soigner votre mal : il existe, en France, 1 200 sources. Les résultats obtenus par les curistes sont dus non seulement aux vertus des eaux prises, mais aussi à la qualité des soins donnés, au modernisme des équipements et aux progrès accomplis par les recherches appliquées à la thérapeutique.

«J'ai commencé aujourd'hui la douche, c'est une assez bonne répétition du purgatoire», écrivait Mme de Sévigné en s'échappant de

Vichy : de nos jours, nous sommes bien loin du puits ou de la fontaine auprès desquels les pauvres migraineux et autres rhumatisants tentaient de soulager leurs douleurs ! Entre douches, massages, cataplasmes de boue, inhalations ou irrigations locales, ces pratiques aident les curistes à faire peau neuve, et l'on remarque souvent qu'elles contribuent à diminuer leur consommation médicamenteuse.

Les villes de cure ne sont plus, comme dans le temps jadis, synonymes de bal à la cour, mais néanmoins des endroits toujours superbes, qui proposent, entre les séances, une foultitude d'activités selon les lieux où ils sont situés : excursions, golf, animations culturelles et sportives, pêche et sports nautiques, randonnées à pied, à cheval, à bicyclette... Et les incontournables concerts sous les kiosques des jardins publics ont toujours autant de charme qu'à l'époque à laquelle leur mode a été lancée. Mais attention à vos rencontres dans les villes de cure : ceux qui y rôdent ne sont pas forcément là pour soigner leurs affections hépato-vésiculaires : « Le poisson se fie à l'eau, et c'est dans l'eau qu'il est cuit », dit le proverbe haïtien. J'espère que ce ne sera pas votre cas !

À tout âge, les belles plumes font les beaux oiseaux !

La vraie beauté est celle qui ne se démode jamais. Certaines femmes, physiquement différentes mais identiques par leur discipline, sont pour moi des leçons de pérennité et de rayonnement : Esther Williams, Ludmilla Tcherina, Zizi Jeanmaire, Line Renaud, Annie Cordy ou Patachou, Florette Lartigue ou Sabine Levin... Elles savent, avec superbe, accepter de vieillir, plaisantent joyeusement sur « être et avoir été », ce qui ne les empêche pas de continuer à vivre, à leur manière, à 300 à l'heure. Elles ont dû, à cause de leur métier, surveiller et entraîner leur corps et leur esprit, afin de garder, vis-à-vis de leur public fidèle ou d'un mari au goût absolu, une image constructive. Leur routine est un rythme d'enfer qui fait partie de leur quotidien.

Les femmes forces de la nature dont je vous parle sont de beaux exemples, qu'il s'agisse de la sirène des écrans ou des étoiles de tous les opéras, de tous les music-halls et cabarets du monde, ou de l'éternelle fraîcheur de certaines muses, dont les années n'altèrent ni l'éclat ni la vivacité. Je sais ce que la réalisation de leur corps représente de travail, d'intelligence et d'humilité. La scène oblige à une perpétuelle remise en question et à un titanesque labeur sur soi-même. Se regarder sans complaisance dans un miroir en fait partie : au fur et à mesure des années, ce geste vous apprend à vous observer, à vous corriger, à vous aimer ou vous détester selon l'humeur du moment. J'aime la fraîcheur mentale de ces femmes phares, sous leur apparence sophistiquée ou naturelle. Elles sont chacune à leur manière des trapézistes de haut niveau qui nous entraînent toujours plus haut.

Elles ne cachent pas leur âge : elles frisent les soixante-dix ans, ce que démentent quotidiennement leur teint, leur taille, leurs jambes impeccables. Artistes, elles évoluent au milieu des lumières, changeant parfois de registre : elles ont enfilé leur corps légendaire dans la combinaison de simple coutil du sculpteur, troqué les plumes de Las Vegas au profit du rôle de marraine de fondation ; elles jouent dans des films où elles assument, avec humour et passion, des rôles de grand-mère chocolat ; elles écrivent leurs mémoires et préfacent des ouvrages qui prônent l'amour du sport : je les trouve formidables !

D'autres, au physique d'apparence plus modeste, ont incarné un miraculeux moment de séduction qui leur vaut une sorte d'éternité. Bien qu'elles aient disparu, elles continuent à être des aimants, des centres d'intérêt, à cause de leur existence luxueuse, scandaleuse et bien sûr talentueuse. Il y avait aussi souvent dans leur quotidien un soupçon d'inconvenance qui

pis encore, « il n'y a plus de raison ». Non, ça ne sera pas la lutte finale !

C'est tout le contraire ! Et d'abord, parce que la meilleure raison, c'est vous-même, et qu'il faut continuer à vous plaire pour plaire aux autres : n'est-ce pas magique de se sentir séduisante et en forme à votre âge ?

Dans votre salle de bains, vous aurez ajouté une lumière plus forte pour mieux vous observer sans lunettes. Déposez quelques gouttes d'huiles essentielles dans l'eau de votre bain (romarin-sarriette : tonique ; lavande-marjolaine : relaxante ; au citron : pour une meilleure circulation sanguine ; sauge-thym : contre l'excès de transpiration), et accordez-vous un quart d'heure de détente.

Petit exercice de beauté : serrez les lèvres très fort plusieurs fois dans la journée.

Un rouleau chauffant suffit parfois à ranimer la mise en plis de la veille ou à domestiquer une mèche rebelle.

Une bonne crème de base, une poudre fine, teint reposé, jolis cheveux et jolis ongles, et vous voilà fin prête lorsque vous aurez déposé, sur vos lèvres, le rouge à lèvres « tendance » qui s'accorde avec les vêtements choisis. Avec l'âge, les lèvres s'affaissent souvent et leur contour s'efface : il faut d'abord le redessiner au crayon, avant de remplir avec un rouge assorti.

Vérifiez votre maquillage les lunettes sur le nez : si nos amies plus âgées nous semblent souvent trop maquillées, c'est simplement parce que leur vue a baissé, et qu'un petit coup de blush supplémentaire leur paraît indispensable ! Évitez les fards à paupières verts, bleus ou marron foncé (et les fards à paupières en général si vous ne défilez pas pour les couturiers sous les lumières de la pyramide du Louvre), tout comme les roses à joues rouges : on ne vous le dira jamais assez, depuis 1926, c'est terminé, et c'est trop tard pour jouer dans un film de Fellini ! Ce qui trahit votre âge est ce coup de crayon – souvent inégal – que vous avez pris l'habitude de vous tracer sous l'œil : on ne doit jamais voir aucune couleur de maquillage sous les yeux ! En revanche, si vous aimez avoir bonne mine, les nouveaux autobronzants font des miracles. Certaines de mes amies, qui ne supportent pas de se voir avec une peau blafarde l'hiver, font d'hebdomadaires séances d'UV : cela les requinque, au physique comme au moral !

La cerise sur le gâteau : une fois de temps en temps, offrez-vous un massage « relaxant » dans un institut de beauté : rien à voir avec celui prescrit par votre médecin (et seul remboursé par la Sécurité sociale, hélas !) mais tellement plus délicieux ! Les massages du visage sont agréables et décontractants, et des séances régulières en retarderont l'affaissement.

N'oubliez ni manucure, ni pédicure, prétextes à essayer un nouveau vernis, tout comme, à chaque début de saison, votre nettoyage de peau.

Au soir, la salle de bains est à nouveau votre amie, et vous y passerez un bon moment, après avoir pris, scrupuleusement, sans les oublier jamais, les médicaments prescrits par votre médecin pour votre bonne santé et votre longévité (sans faute, même si, un soir, vous avez une petite flemme !). Un bon lait nettoyant ayant débarrassé votre visage des poussières de la journée, un rinçage à l'eau fraîche ayant suivi, vous pouvez maintenant passer aux fioritures : une eau de fleur sur le visage avant d'appliquer, pour la nuit, une crème en rapport avec l'âge de votre peau. Vous avez probablement, comme nous toutes, joué longtemps avec les « marques » qui vous faisaient envie : senteurs à la mode, jolies promesses, jolis pots et pleins tarifs, vous assurant d'un résultat « jouvence ». La vérité est que seules les crèmes prescrites par votre dermatologue et vendues en pharmacie sont réellement actives. Je vous ai vanté, depuis longtemps, les qualités de « Fadiamone », crème miracle pour la sénescence cutanée (à n'utiliser qu'avec avis médical et ordonnance) et de « Effadiane », pour les peaux très sèches : elles sont toutes deux enfants chéris des spécialistes qui soignent la peau des femmes. Je n'ai pas d'autre suggestion positive que celle de suivre leurs conseils, et ce à partir de la cinquantaine. Ce qui ne vous empêche pas, pour le plaisir de l'œil et de l'odorat, de vous offrir un onctueux pot odoriférant, qui ne vous fera de toutes les façons aucun mal.

De temps en temps, faites un masque vitaminé, nourrissant et délassant avec une cuillerée à soupe de farine de blé, 2 cuillerées à soupe de lait entier et deux cuillerées à soupe de miel. Gardez 20 minutes, lavez à l'eau tiède, et appliquez une crème de nuit hydratante.

Vous ressentez une petite douleur musculaire ? Frictionnez l'endroit endolori avec un peu d'huile de marmotte. Les chasseurs autrichiens m'en rapportent de leurs forêts profondes, et j'en ai toujours un flacon sous la main : elle est formidable !

Côté parfums

Oserai-je dire que vous pouvez maintenant tout vous permettre ? Plus que jamais, à l'hiver de votre vie, le parfum que vous aimez et que vous portez avec plaisir reflète votre état d'âme. Mon amie Denise, dont le caractère fantasque et l'esprit avant-gardiste font oublier ses quatre-vingt-onze ans, n'aime que le mordant de la tubéreuse. (Et elle dispose aussi, en saison, de sublimes bouquets de cette fleur entêtante dans sa maison.) La brune Élisabeth ne s'asperge que d'un certain vinaigre de toilette habituellement réservé aux énergiques jockeys irlandais, ce qui enchante son Irlandais de mari. Daisy, avant qu'elle ne vienne refaire sa vie à Paris avec son second mari, n'aurait pour rien au monde porté autre chose que des parfums en provenance de la rue Cambon. Maintenant qu'elle habite l'île Saint-Louis, elle ne jure que par Estée Lauder...

Un petit coup de chapeau à la reine de Hongrie, tombant amoureuse d'un jeune page à l'âge de soixante-dix ans : afin de le séduire, elle inventa, instinctivement, un parfum magique, simplement nommé depuis « L'eau de la reine de Hongrie », qui est, paraît-il, irrésistible. Les « nez » du monde entier se sont longtemps inspirés de sa formule – variant au cours des siècles – dont la plus réputée est celle-ci : déposez dans un récipient de verre une égale proportion de feuilles de romarin, de marjolaine et de sauge, que vous recouvrirez d'esprit-de-vin. Laissez macérer cinq ou six jours (si possible au soleil) et filtrez.

Pour enrayer les « coups de blues »...

Parfois vous trouvez le temps long, vos relations ennuyeuses et fatiguées, le soleil trop chaud et la pluie trop froide... Vous n'êtes pas la seule ! On vous a sûrement conseillé le confessionnal et le cabinet médical. Moi, je préfère les petits trucs !

Lisez ou relisez les biographies des stars que

vous avez aimées, et qui ont été, avant vous, des femmes ayant su aborder leur hiver avec humour : vous y trouverez des anecdotes telle celle de Marlène Dietrich qui, lors de sa dernière apparition sur scène (elle avait soixante-dix ans), en robe moulante et scintillante cousue sur sa silhouette toujours parfaite, annonça à ses amis en sortant de scène : « Ils ont jeté des fleurs à mes pieds pour voir si je pouvais encore les ramasser ! »

Comme Magali, la reine du « roman rose » des années cinquante, rangez soigneusement vos anciennes lettres d'amour... et relisez-les régulièrement !

Prenez exemple sur mon ami Alex Maguy : à plus de quatre-vingt-dix ans, il est encore curieux de tout ce qui a pu lui échapper, après une vie formidablement remplie. Il fut couturier, puis est devenu marchand de tableaux, grand collectionneur d'impressionnistes et découvreur de peintres modernes. Nous nous connaissons depuis l'époque où j'étais jeune comédienne : dans son salon de l'avenue Matignon, ce petit homme primesautier créait des tailleurs d'une élégance rarement égalée, maniant avec passion les tissus de qualité : « Si une femme veut être sexy, il faut qu'elle porte de la soie », disait-il (et dit-il encore). Ce perfectionniste devrait quand même penser à prendre sa retraite un jour ou l'autre, mais sa joie de vivre et sa curiosité ne le laissent jamais en repos : il se passionne maintenant pour l'art des parterres de fleurs, furetant dans toute la France pour trouver le meilleur jardinier... Alex Maguy ? On lui achèterait, en vrac, son moral, sa jeunesse et sa santé !

Tournez-vous vers la poésie, cet universel pansement de l'âme, et, pour votre plaisir à vous seule, déclamez, déclamez, déclamez...

Puisque nous sommes d'humeur badine, allons nous promener dans de « Grandes Forêts », celles de mon amie Geneviève Page : les modulations de sa voix magique nous font passer de l'univers du rêve à celui de la comédie. L'inoubliable Chimène, partenaire de Gérard Philipe, interprète préférée de Jean-Louis Barrault et Madeleine Renaud, fait mon admiration depuis trente-trois ans que nous nous connaissons. Elle est une de nos plus grandes comédiennes, et la qualité de ses interprétations est toujours une nouvelle surprise pour moi. Notre amitié n'a jamais failli, et le fait que nos maris se connaissent depuis leur plus tendre enfance a favorisé nos liens. Sa fantaisie est présente dans tous les moments de la vie, et son humeur toujours joyeuse en fait une idéale compagne de voyage, bien qu'elle soit toujours là où on ne l'attend pas et jamais là où on l'attend !

Histoire vécue : parfois le succès se mesure au nombre des années...

J'ai, tout proche de moi, un exemple d'histoire d'amour particulièrement touchant, et je brûle de vous le raconter : Vaughn (prononcer Vôôône) est une Américaine de soixante-quinze ans qui me recevait régulièrement lorsque j'allais à Santa Barbara, en Californie. Divorcée, cinq enfants issus de ses deux mariages successifs, Vaughn vivait avec sa sœur, Mary, de trois ans sa cadette, dans une superbe maison proche de la plage. Mon amie a deux passions dans la vie : l'architecture française du XVIIIe siècle et la cuisine.

Il y a cinq ans, au cours d'un nouveau voyage centré sur les châteaux de la Loire, Vaughn tombe amoureuse d'une maison pleine de charme située dans un village d'Anjou (dont, à ce jour, elle ne peut toujours pas prononcer le nom) : Chênehutte-les-Tuffeaux. C'est une ravissante chartreuse, suffisamment isolée pour satisfaire son goût de la solitude et de l'indépendance. Tournant définitivement une page de sa vie, à la grande surprise de sa famille, ma charmante Américaine s'installe, en moins de temps qu'il n'en faut pour le dire, dans sa nouvelle patrie. Autre lieu, autre décor : chineuse infatigable, elle installe sa maison avec un goût exquis, mariant toiles écrues et rayures bayadères, cirant frénétiquement des commodes rustiques et des tables à gibier, et commençant enfin la collection de fixés sous verre dont elle avait toujours rêvé. Avec une passion de professionnelle, elle réserve une pièce aux ouvrages sur la décoration, l'art de vivre dans tous les pays du monde, les châteaux français et européens, en se concentrant sur l'architecture angevine. Après avoir apporté un soin particulier aux chambres d'amis, elle se dit que ceux qui ont envie de la voir n'auront qu'à venir jusqu'ici. En son for intérieur, elle espère bien ne pas être trop dérangée... Vaughn se prépare une vieillesse appliquée et studieuse.

Comme beaucoup d'Américaines, Mary, sa sœur, est vice-présidente d'une fondation, et c'est elle qui, chaque année, est responsable de l'organisation de la grande soirée qui réunit ses membres. Depuis deux ans, Mary a eu l'idée de mettre à la tombola un premier prix très particulier : il s'agit pour le gagnant et la personne de son choix de passer un week-end en Anjou, dans une atmosphère typiquement française. Pas de problème pour la communication : l'hôtesse est américaine, car c'est de Vaughn qu'il s'agit. La première année de sa nouvelle vie, Vaughn avait reçu un couple de jeunes mariés en voyage de noces, qui, de retour à Santa Barbara, ne tarissait pas d'éloges sur l'accueil fastueux qui lui avait été réservé.

Bien évidemment, la seconde année Mary frappait encore à la porte de sa sœur, constatant que, décidément, la fameuse « glamour girl » de sa jeunesse ne cesserait jamais de l'étonner...

Lorsque ses invités arrivent, les présentations sont déjà faites : de nombreux courriers et coups de téléphone ont été échangés. Vaughn sait par exemple qu'il s'agit d'un horticulteur retraité et de sa fille. Follement excitée par ce voyage, la jeune femme avait envoyé une photo d'elle, une autre de son chien et plusieurs vues de son jardin, mais du père, rien. Prévoyant son rôle de guide et de chauffeur tout au long des châteaux qu'elle ferait visiter à ses futurs amis, Vaughn avait elle-même minutieusement lavé la petite décapotable mauve – sa couleur préférée – qu'elle venait de s'offrir.

Après avoir fleuri toutes les pièces de la maison, vérifié l'éclat de son argenterie – seul souvenir de sa vie américaine –, la transparence de sa porcelaine et le moelleux des peignoirs dans la salle de bains, Vaughn est passée aux fourneaux. Elle a hésité entre quatorze sortes de plats bien français – jarret de veau ou poule au pot ? brochet ou filet de sandre au beurre blanc ? – et sorti quelques bouteilles de vin du cru : un peu de bouvet-ladubay rosé, pour le plaisir des bulles, du bonnezeaux 86 et du saumur-champigny pour la couleur locale. Ayant aussi constaté qu'il restait du chinon et du bourgueil à la cave, elle pouvait attendre de pied ferme ses invités.

Le week-end s'annonce parfaitement bien : Henry et Cynthia savourent avec bonheur le filet de pigeon à la crème, arrosé d'un bourgueil La Fontaine légèrement rafraîchi. Ses tartelettes au citron vert sont, paraît-il, un enchantement, et ses hôtes ont du mal à croire qu'elle a elle-même pétri ce pain croustillant servi tiède et parfumé au lard, seul lien réel entre l'Amérique et la France... Avec la nonchalance que nous connaissons à nos amis américains, Henry ne s'est pas fait prier pour caler confortablement son mètre quatre-vingt-dix dans une chaise longue, supportant sans aucun problème les rayons du soleil de juillet auxquels la Californie l'a habitué. Vaughn se prend à rêver devant ce beau septuagénaire aux cheveux blancs comme neige. Quant à Henry, quelque chose laisse à supposer que Vaughn ne lui est pas tout à fait indifférente : les heures qui passent laissent flotter dans l'air une électricité inhabituelle dans cette maison normalement si paisible... Cynthia, quant à elle, ne se lasse pas d'admirer le jardin tout en notant les noms savants des fleurs qui y sont plantées.

En pantalon de toile jaune, une grande écharpe violette enroulant sa taille de guêpe, le dernier jour, pour laisser à ses invités un souvenir impérissable, Vaughn leur montre « la Belle d'Anjou », autrement dit l'abbaye de Saint-

Florent, érigée au XIe siècle près de Saumur : ce sera pour elle un prétexte à vanter le fameux « tuffeau » (prononcez « touffôô », s'il vous plaît), cette fameuse pierre blanche et indestructible, fierté de la région.

Henry et Cynthia partis, Vaughn se surprend à trouver la maison un peu vide. Elle délaisse sa bibliothèque, la cuisine ne l'attire plus, seul le jardin présente un vague intérêt, tout comme l'ordinateur sur lequel elle consigne son journal...

Une semaine plus tard, un premier fax arrive de Santa Barbara : « Qu'avez-vous mis dans la sauce de ces pauvres pigeons ? »

Une heure après, deuxième fax : « Quel philtre avez-vous versé dans le bourgueil ? »

Suivi immédiatement de : « De quels Jardins des Délices proviennent vos citrons ? »

Se méfiant de son enthousiasme, Vaughn ne répond pas, et s'endort (difficilement) sur un point d'interrogation.

Tôt le lendemain matin, à l'heure où le jardinier « pince » les tomates, café, omelette et estocade : THE fax. « Voulez-vous m'épouser ? »

Dans la lumière diaprée de ce mois de juillet, Vaughn lâche la ceinture de son peignoir de satin mauve et s'examine dans son miroir : son mètre soixante-quinze n'a pas bougé depuis des années, et les petits « saute-aux-fesses » mitonnés qu'elle aime déguster ne laissent aucune trace sur sa silhouette longiligne. Quant à ses jambes, elles pourraient être les vedettes de photos de lingerie. Son deuxième lifting est presque invisible sous la crinière poivre et sel coiffée à la lionne. Les yeux sont rieurs et d'un bleu profond : c'est vraiment encore une très jolie femme. Mais son cœur est-il prêt à être bouleversé par un nouveau départ ?

Elle, que ce nouveau mode de communication a tant amusée, panique subitement devant son fax et le débranche. Elle ne trouve qu'une réponse à cette demande en mariage : « Lettre suivra. »

Fin septembre, une carte fleurie me convie à un dîner donné en l'honneur de Mr. Henry Wilburn. Lorsque ma voiture franchit le portail (peint en mauve) de la maison d'Anjou, ce furent Henry et Vaughn qui m'accueillirent sur le perron de la chartreuse, un Henry primesautier, le sécateur à la main. Bien que nous ne nous soyons jamais rencontrés, il tenta visiblement un exploit de langue française et me salua d'un « Nââdine, comme je suis râvissante de vous connaître ! ».

Je les regardais tous les deux et me disais qu'il n'y a pas d'âge pour être amoureux !

Ma philosophie :

Femme un jour, femme toujours, chaque femme a son histoire, chaque histoire est magique. S'il y a une chose que vous devez regretter, ce sont les amours que vous n'avez pas connues, mais si tout ce que vous avez semé pour votre plaisir est récolté dans la joie, c'est une grâce qui vous a été donnée.

Chères lectrices,

Fermons ce manuscrit, mi-joyeux, mi-sérieux, destiné à vous faire considérer, ainsi que je l'ai toujours fait, la vie du bon côté.

De l'heureux et savant mélange de toutes ces voluptueuses épices que nous venons d'évoquer naîtra et s'épanouira votre féminité.

Elle est l'ingrédient majeur de votre réussite. C'est elle qui vous motive pour apprendre à nager le plus tôt possible, tout en gardant la tête droite et hors de l'eau. Je ne répéterai jamais assez qu'il vaut mieux séduire qu'être séduite, apprendre très jeune à suivre les chemins du succès et à mettre du rose, du bleu et de l'or dans votre quotidien.

J'en arrive à cette conclusion qu'en matière de passion comme en matière d'art, c'est finalement l'éternel féminin qui est à l'origine du besoin de se surpasser et du succès sous toutes ses formes.

Maxime

Remerciements

Cet ouvrage n'aurait pu être mené à bien si Mme Danièle Raduszynski, attachée de gestion au CERRAM (Centre Edmond de Rothschild pour la recherche appliquée en médecine), n'avait été l'interprète de mes questions auprès des médecins spécialistes, et je la remercie pour cela, ainsi que le Dr Marie-Madeleine Apostolidès-Chossière, médecin généraliste, le Dr Olivier Binet, chef du service dermatologie, le Dr Jean-Luc Charagnac, diététicien, et les Drs Anne-Isabelle Richet et Dahlia Torchin, gynécologues.

Je remercie également le Dr Marilyn Abramowicz, gynécologue, M. Michel Diné, kinésithérapeute, le Dr Christian Garnier, le Dr Jean-Louis Hardy, dermatologue, médecin généraliste, le Dr Lelouarn, chirurgien esthétique, ainsi que mon ami le Dr Patrick Rabineau, président de la Société française de chirurgie dermatologique.

Les bons conseils et suggestions de Viktoria Pjelinska, esthéticienne et maquilleuse, m'ont été également fort utiles.

Certaines de mes amies, trop modestes, ont préféré garder l'anonymat, bien que nous ayons beaucoup ri ensemble lorsqu'elles me racontaient leurs « petites histoires » et se souvenaient de leurs expériences relatées dans cet ouvrage : merci à vous toutes, ainsi qu'à Sarah Absala, Louise Barouh, Blanche Benbassat, Irène Blanc, Marie-José Bobet, Jane Bobrow, Mlle Carven, Monique Duvivier, Michèle Givaudan, Suzanne et Jean Goffin, Shermine de Gramont, Vaughn Greditzer, Carmela Lagonico, Florette Lartigue, Manon Mocatta, Arlette Nachbaur, Joyce Noble, Maria-Bianca Oliveiro, Jacqueline Quenaux, Geneviève Page, Linda de Piccioto, Françoise Propper, et Mériza Stevens. Merci également à Archibald Beaudenon.

Je remercie enfin Edmond, mon mari, pour ses remarques judicieuses concernant ses acolytes et complices masculins, et ses réflexions, toujours pleines d'humour, sur les femmes...

Bibliographie

L'animal moral, par Robert Wright, Éditions Michalon, 1995.

Les mille réponses sur la femme et son corps, par le docteur David Elia et Geneviève Doucet, Hachette, 1989.

Deux mille ans de secrets d'alcôve, Claude Pasteur, Zulma, 1996.

Fatale beauté, une évidence, une énigme, collectif, Éditions Autrement, 1987.

Mes secrets pour plaire et pour être aimée, par la baronne Staffe, Les Éditions 1900, 1990.

Beauté de la peau, par Howard Donsky M.D., Éditions du Trécarré, 1987.

Embellissez-vous, par Lucie Delarue-Mardrus, Les Éditions de France, 1926.

Petites doses, grands effets : la force douce des oligo-éléments, par le docteur Bernard Saal, Éditions Robert Laffont, 1989.

Les femmes! De leur émancipation, par Marc Sautet, Éditions Jean-Claude Lattès, 1996.

La beauté, les réponses de la nouvelle médecine esthétique, par le docteur Jean-Jacques Deutsch et Alice Hubel, Éditions DPI/IMC, 1994.

Esthétiquement vôtre, par le docteur Jacques Ohana, Éditions Jean-Claude Lattès, 1996.

La beauté sur mesure par la chirurgie esthétique, par le professeur Jean-Marc Soubiran et Anne Lefèvre, Éditions de l'Archipel, 1995.

La beauté en toutes lettres, par le docteur Jean Fayolle, Éditions France-Empire, 1985.

À chacun sa forme, par Michel Klein et Henry Perier, Éditions Mengès, 1986.

Le plaisir d'être belle, par Jeanne Chavant, Guides pratiques de la Redoute, 1971.
Les clés du bon sommeil, par Nathalie Pacout, Éditions Marabout, 1990.
Le poids, par David Elia, Éditions T.F.I.
Mes trucs de beauté et de santé, par Laura Fronty. Éditions Marabout, 1986.
Les femmes qu'ils aiment, les femmes qu'ils quittent, par les docteurs Connel Cowan et Melvin Kinder, Éditions Marabout, 1989.
La séduction suprême, par Charlotte Chandler, Éditions Carrère, 1988.
Jeunesse pour tous, par le docteur Guy Haddad et Marie-France Saurat, Le Livre de Poche, 1993.
Les 200 réponses de l'herboriste, par Marie-Antoinette Mulot, Éditions Marabout, 1986.
Herbes, cueillette, culture, utilisation, par Roger Phillips et Nicky Foy, La Maison Rustique, 1991.
Bot. Salvia Officinalis, Israël.
L'argile qui guérit, par Raymond Dextreit, Éditions de la revue « Vivre en harmonie », 1957.
La guirlande de Julie, présentée par Irène Frain, Éditions Robert Laffont/Bibliothèque nationale, 1991.
Rose, rosa, rosae, catalogue du Musée International de la Parfumerie à Grasse, 1991.
Roses et *plantes aromatiques*, par Malcolm Hillier, Éditions Solar, 1993.
Histoire du parfum, par Ghislaine Pillivuyt, Éditions Denoël, 1988.
Le livre du parfum, par Élisabeth Barillé et Catherine Laroze, Éditions Flammarion, 1995.
Guerlain, par Colette Fellous, Éditions Denoël, 1987.
La beauté, les coulisses de la séduction, par Sabine Jeannin da Costa, Éditions de la Martinière, 1995.
Cuisine médiévale pour tables d'aujourd'hui par Jeanne Bourin, Éditions Flammarion, 1983.
En jupon piqué et robe d'indienne, par Michel Biehn, Éditions Jeanne Laffitte, 1987.
Chanel, par Jean Leymarie, Éditions Skira, 1987.
Le temps Chanel, par Edmonde Charles-Roux, Éditions du Chêne/Grasset, 1979.

Bibliographie

Colette et la mode, Éditions Plume, 1991.

Amoureuse Colette par Geneviève Dormann, Éditions Herscher, 1984.

Revenez-y, par Paul Poiret, Éditions Gallimard, 1932.

Modèles et mannequins, par Jean-Noël Liaut, Éditions Filipacchi, 1994.

Christian Dior et moi, par Christian Dior, Le Livre Contemporain, 1956.

Les Rothschild, bâtisseurs et mécènes, par Pauline Prevost-Marcilhacy, Éditions Flammarion, 1995.

Le style Windsor, par Suzy Menkès, Éditions du Chêne, 1987.

Ava, mémoires, par Ava Gardner, Presses de la Renaissance, 1990.

Jacques-Henri Lartigue, la traversée du siècle, par Florette Lartigue, Éditions Bordas, 1990.

Grand dictionnaire universel du XIXe siècle, par Monsieur Pierre Larousse, 1872.

Dictionnaire du cinéma, collectif sous la direction de Jean-Loup Passek, Éditions Larousse, 1995.

Ainsi que les magazines : *Votre Beauté*, *Vital*, *Marie-Claire*, *Marie-France*, *Femina*, *Modes et Travaux*, *Le Petit Écho de la Mode*, *La Vie en Fleurs*, *Jeune et Jolie*, *20 ans*, *Santé et Médecine Douce*, *Réponse à tout Santé*, *Psychologies*, *Le Temps Retrouvé*, *Seniors Magazine*.

TABLE

Introduction 13

Le printemps, période d'apprentissage . 23
L'été, période de la plénitude 87
L'automne, âge d'or... 173
L'hiver, été indien de votre vie. 231

Postface 279
Remerciements. 281
Bibliographie. 283

Cet ouvrage a été réalisé par la
SOCIÉTÉ NOUVELLE FIRMIN-DIDOT
Mesnil-sur-l'Estrée
pour le compte des Éditions Fixot
24, avenue Marceau, 75008 Paris
en février 1997

Imprimé en France
Dépôt légal : février 1997
N° d'édition : 37691 – N° d'impression : 37127